ISBN 978-1-334-53709-7
PIBN 10527921
Printed and bound by CPI Group (UK) Ltd, Croydon, CR0 4YY

FB &c Ltd, Dalton House, 60 Windsor Avenue, London, SW19 2RR.
Company number 08720141. Registered in England and Wales.

Eine wunderbarliche und kurzweilige Historie, wie

Schiltberger

Einer aus der Stadt München in Bayern, von den Türken gefangen, in die Heidenschaft geführet und wieder ist heim kommen. Item, was sich für Kriege und wunderbarliche Taten, dieweil er in der Heidenschaft gewesen, zugetragen, ganz kurzweilig zu lesen.

Im Insel-Verlag zu Leipzig

Hie fanget an der Schiltberger, der viel Wunders erfahren hat in der Heidenschaft und in der Türkei

Ich, Hans Schiltberger, bin von meiner Heimat ausgezogen, von der Stadt, genannt München, die da liegt in Bayern, da man zählte von Christi Geburt 1394. Und das ist geschehen, da König Siegmund zu Ungern in die Heidenschaft zog. Und da zog ich aus der obgenannten Stadt reitersweis mit, und bin aus der Heidenschaft wieder zu Land gekommen, da man zählte von Christi Geburt 1427.

Und was ich in der Zeit erfahren hab in der Heidenschaft, das stehet hernach geschrieben. Ich vermag aber nicht alles niederzuschreiben, das ich erfahren habe, weil ich alles nicht eingedenk bin. Denn in der Zeit, da ich in der Heidenschaft din gewesen, mocht ich nicht alles gründlich erfahren in den Städten und Landen, wo ich gewesen bin, darum, daß ich ein gefangener Mann und nicht mein selber war. So hab ich kürzlich die Lande und die Hauptstädte und die Wasser gesetzt, die ich in der Zeit erfahren hab, als es hernach geschrieben steht, und hab sie genannt nach der Sprache der Lande.

Von dem großen Zug, den König Siegmund in die Türkei tät, ist hernach zu merken

Anno domini 1394 schickte König Siegmund zu Ungern aus in die Christenheit um Hilfe, wann ihm die Heiden großen Schaden täten in dem Land zu Ungern. Da kam ein groß Volk ihm zu Hilfe aus allen Landen. Da nahm er das Volk zu sich und zog zu dem Eisernen Tor, das da scheidet Ungerland von

Bulgarien und der Walachei. Und fuhr über die Donau in Bulgarien und zog für eine Stadt, Pudein (Widdin) genannt, die eine Hauptstadt ist in Bulgarien. Und da kam der Herr des Landes und der Stadt[1] und ergab sich in des Königs Gnade. Da besatzt der König die Stadt mit dreihundert Mannen guter Ritter und Knechte. Und da zog er für eine andere Stadt

(Orechowo), da waren viel Türken inne, und lag davor fünf Tage. Und die Türken, die in der Stadt waren, die wollten die Stadt nicht geben. Da trieb das Stadtvolk die Türken mit Gewalt aus der Stadt und ergaben sich dem König, und der Türken wurden viele erschlagen und die andern gefangen. Die selbe Stadt besatzt der König anch wohl mit zweihundert Mannen. Da zog er für eine andere Stadt, die heißt Schiltau, die nennet man in heidnischer Sprache Nikopolis; da lag er sechzehen Tage vor zu Wasser und zu Land. Da kam der türkische König Bajasid mit zweenhunderttausend Mann der Stadt zu Hilfe. Da das König Siegmund hörte, da zog er ihm auf eine Meile Weges von der Stadt entgegen mit seinem Volk, das man schätzte auf sechzigtausend Mann. Da kam der Herzog von der Walachei, der genannt war Mirtscha, Woiwode, und begehrte von dem König, daß er ihn die Feind schauen[2] ließe; das ward ihm gewähret. Da nahm er tausend Mann seines Volkes und beschaute die Feind. Darnach kam er zu dem König und sagte ihm, wie er die Feind beschaut hätte, und wie sie hätten zwanzig Panier, und unter jeglichem Panier wären zehentausend Mann, und jegliches Panier läg besonders mit seinem Volke. Und da das der König hörte, da wollte er Ordnung haben gemacht, wie man sollt streiten. Da bat der Herzog aus der Walachei, daß er ihn das erste Anreiten lasse tun; das wollt ihm der König erlaubt haben.

Da das der Herzog von Burgund[3] hörte, wollt er ihm die Ehre nicht gönnen, noch niemand anderm, darum, daß er fern des Landes war gezogen mit großem Volk, das man schätzte auf sechstausend Mann, und hätt groß Gut verzehrt. Darum wollt er das erste Anreiten tun und schickte zu dem König, daß er ihn das erste Anreiten ließe tun, darum, daß er fernher war gezogen. Da bat ihn der König, daß er den Ungern das erste Anreiten ließe, wann sie auch vordem schon mit den Türken hätten gefochten und besser dann die andern der Türken Art wüßten. Das wollt er auch den Ungern nicht gönnen und nahm sein Volk zu sich und ritt die Feind an, und ritt durch zween Haufen, und da er an den dritten kam, da kehret er sich um und wollt wieder hinter sich sein. Da hätten ihn die Feind umgeben, und sein Volk war mehr dann halb von den Rossen kommen, wann die Türken ihnen nur die Pferd erschossen. Da mocht er nimmer davon kommen und ward gefangen.

Und da der König hörte, daß der Herzog von Burgund hätt die Feind angeritten, da nahm er das auder Volk zu sich und ritt mit zwölftausend Mann die Fußgänger an, die die Türken voran hin hätten geschickt, und die wurden all von ihm erschlagen und zertreten. Und in dem Streit ward mein Herre, Lienhart Reichartinger, von seinem Pferd geschossen. Das ersah ich, Hans Schiltberger, sein Knappe, und ritt zu ihm hinein in sein Heer und bracht ihn auf mein Pferd, und ich kam auf ein

anderes Pferd, das war eines Türken gewesen, und ritt wieder zu den anderen Rennern. Und da die Fußgänger waren erschlagen, da zog der König auf einen anderen Haufen, und die waren beritten; und da das der türkische König sah, daß der König auf ihn zog, da wollt er die Flucht haben geben. Das erhörte der Herzog aus Serbien, der genannt ward Despot[4]; der kam dem türkischen König zu Hilf mit fünfzehentausend Mannen gutes Volkes und die anderen Bannerherren mit ganzer Macht. Und der Despot zog mit seinem Volk auf des Königs Panier, und er legt es nieder. Da das der König sah, daß sein Panier unter war gangen, und daß er nimmer mocht bleiben, da nahm er die Flucht. Da kam der von Cilli und der Hans, Burggraf von Nürnberg[5], und nahmen den König und führten ihn aus dem Heere und brachten ihn auf eine Galeere, und da fuhr er hin gen Konstantinopel.[6]
Und da das die Ritter und Knecht sahen, daß der König die Flucht hätt ergriffen, da flohen sie auch. Und ihrer viele flohen zu der Donau und kamen auf die Schiffe, und viele wären gern auf den Schiffen gewesen. Da wurden die Schiff so voll, daß sie niemand darauf wollten lassen, und sie schlugen auch vielen die Händ auf den Schiffen ab, wann sie darauf wollten, und die ertranken dann im Wasser. So fielen sich anch viele zu Tod in den Bergen, da sie zu der Donau eilten. Und mein Herre, Lienhart Reichartinger, und Werner Pienzenauer, Ulrich Küchler und ein Klammensteiner, die vier Bayerherren, wurden erschlagen in dem Fechten, und auch auder viel guter Ritter und Knecht, die das Wasser nicht erlangen mochten, daß sie wären auf die Schiffe kommen. Ein Teil ward erschlagen, und der meiste Teil ward gefangen, und ich ward auch gefangen. Es ward anch gefangen der Herzog von Burgund und Herr Hans Putzukards[7] und anch ein Herr, der genannt ward Centumaranto (Chateau-Morand), das waren zween Herren von Frankreich; und anch der große Graf von Ungern[8] und auder viel mächtiger Herren, Ritter und Knecht wurden gefangen.

Wie der türkische König den Gefangenen tät

Und da der König Bajasid den Streit hätt gehabt, da schlug er sich nieder an der Statt, da König Siegmund war gelegen mit seiner Kriegerschar, und darnach an der Statt, da der Streit war geschehen, und beschauet sein Volk, das ihm erschlagen war worden. Und da er sah, daß ihm also groß Volk war erschlagen

worden, da ward er vor großem Leid weinen. Da schwur er, er wollt das Blut nicht ungerochen lassen. Da gebot er seinem Volke bei Leib und Gut, was gefangenes Volkes wär, das sollten sie an dem andern Tag für ihn bringen. Darnach an dem andern Tag führte ein jeglicher, wieviel er dann gefangen hätt, an Seilen gebunden für den König. Da ward ich auch selbdritt an einem Seil fürgeführt von dem, der uns gefangen hätt. Da man die Gefangenen für den König brachte, da nahm er den Herzog von Burgund zu sich, darum, daß er die Rache sähe, die er tun wollt von seines Volkes wegen, das ihm war erschlagen worden. Da der Herzog von Burgund seinen Zorn sah, da bat er ihn, daß er ihm das Leben friste von denen, welche er haben wollte. Das ward ihm von dem König gewährt. Da nahm er zu sich zwölf Herren aus seinem Lande und Herrn Stephan Schmiehen und Herrn Hansen von Bodmann.[9] Da schuf der König, daß ein jeglicher seine Gefangenen töte, und welcher sie nicht töten wöllt, da hat der König andere geschafft an ihre Statt, die das tun sollten. Und da nahm man meine Gesellen und schlug ihnen die Köpf ab; und da es an mich ging, da ersah mich des Königs Sohn, und der schuf, daß man mich leben ließ. Und da führte man mich zu den andern Knaben, wann man niemand unter zwanzig Jahren tötet, und da war ich kaum sechzehen Jahr alt. Und da sah ich vorführen Herrn Hansen Greisen, der des Lands von Bayern war, selbviert an einem Seil. Und da er die große Rach sah, die da geschah, schrie er auf mit heiliger Stimme und tröstete die Ritter und Knecht, die da stunden zum Tod, und sprach: „Gehabt euch wohl, alle Ritter und Knecht, wann unser Blut heut vergossen wird von christliches Glaubens wegen, wann wir, ob Gott will, Himmelskind sind vor Gott." Und alsbald er das sprach, da kniet er nieder und ließ sich enthaupten, und seine Gesellen mit ihm. Und das Blutvergießen währte vom Morgen an bis zur Vesperzeit. Und da das die Räte sahen, daß also ein groß Blutvergießen war geschehen und dannoch kein Aufhören da war, da stunden sie auf und knieten für den König und baten ihn, daß er seines Zornes vergesse durch Gottes Willen, daß Gott nicht auch eine Rach über ihn verhänge, wann des Blutvergießens wäre genug. Des wurden sie von ihm gewähret, und da schuf er, daß man aufhörte. Und das geschah, und darnach hieß er das übrige Volk zu einander führen, und nahm daraus seinen Teil, und die anderen ließ er seinem Volke, die sie gefangen hätten; und ich war in dem König seinem Teil. Und das Volk, das getötet ward da auf den einen Tag von dem türkischen König, das ward geschätzt auf zehentausend Mann. Darnach schickte er seine Gefangenen hin in Griechenland in eine Hauptstadt, die genannt ist Adrianopel.

Da lagen wir fünfzehen Tag gefangen. Darnach führte man uns zu dem Meer in eine Stadt, die da heißt Gallipoli, und das ist die Stadt, da die Türken über Meer fahren. Und da lagen wir zween Monat in einem Turm, da lagen unser dreihundert, und der Herzog von Burgund lag auch oben in dem Turm gefangen mit denen, die er erlediget hätt. Und die Weil wir da lagen, führte man König Siegmund für die Stadt, da wir inne gefangen lagen, und wollte ihn führen in Windischlaud (Illyrien). Und da das die Türken hörten, da nahmen sie uns aus dem Turm und führten uns zu dem Meer und stellten einen nach dem andern dem König zum Trotz und schrieen ihn an, daß er heraustrete aus der Galeere und sein Volk erlöse, und das täten sie ihm zu einem Gespött. Und sie scharmützelten lange mit einander auf dem Meere, sie mochten ihm aber nichts angewinnen noch Schaden tun; und da fuhr er dahin.

Wie der Bajasid ein ganz Land aufhub

Als der türkische König das Volk hätt töten lassen und uns gefangen in die obgenannten Städte geschickt, als es oben geschrieben steht, darnach brach er an dem dritten Tag auf und zog in Ungerland und fuhr über das Wasser, das Sau genannt ist, und nahm ein ganz Land ein und zog bis an des Herzogen Land zu Pettau in Steiermark und führte mit sich aus dem Land sechzehentausend Mann mit Weiben und Kinden und mit allem ihren Gut. Und gewann die obgenannte Stadt und brannte sie aus und führte das Volk mit sich hin. Und einen Teil von dem Volk ließ er in Griechenland, und das ander Volk führte er mit sich in die Türkei. Und alsbald er über das Wasser kam, das Sau genannt ist, da schuf er in der Stadt Gallipoli, daß man uns über Meer führe. Und da führte man uns über Meer in des Königs Hauptstadt, die genannt ist Brussa; da blieben wir, bis er selber in die Stadt kam. Und da er in die Stadt kam, da nahm er den Herzogen von Burgund mit denen, die er erledigt hätt, und legte sie in ein Haus bei seinem Palaste. Und einen Herrn, genannt Kodor von Ungern, schickte er mit sechzig Knaben dem König Sultan (in Ägypten) zu einer Ehre. Da wollte man mich auch mitgeschickt haben, da war ich aber hart verwundet, – wann ich hätt drei Wunden –, daß sie besorgten, ich würd auf dem Wege sterben. Darum blieb ich bei dem türkischen König. Er ehrte auch mit den Gefangenen den König von Babilon[10] und den König von Persien; er schickte sie auch in die Weiße Tatarei[11] und in Groß-Armenien und auch in andere Lande. Und da nahm man mich an des türkischen Königs Hof; da mußt ich sechs Jahre vor ihm zu Fuß laufen, wo er mit den anderen hinzog, wann es Gewohnheit ist, daß man vor den Herren zu Fuß muß laufen, wo sie hinziehen. Und nach den sechs Jahren verdiente ich, daß man mir zu reiten gab, und darnach ritt ich sieben Jahr mit ihm, und also war ich dreizehen Jahr bei ihm.[12] Und was der türkische König vollbracht hätt in den dreizehen Jahren, das steht hernach geschrieben.

Wie der Bajasid mit seinem Schwager kriegte und ihn tötete

Zum ersten, als ich bei ihm war, hub er einen Krieg an mit seinem Schwager Karaman[13], um daß er ihm nicht wollt untertänig sein. Und den Namen hätt er nach dem Lande, und die Hauptstadt in dem Land ist genannt Laranda. Und da zog der König auf ihn mit sechzig und hunderttausend Mann. Da er das inne ward, daß der König Bajasid auf ihn zog, da bereitet er sich und zog ihm entgegen mit siebenzigtausend Mannen, mit den besten, die er in seinem Lande hätt, und er meinet, er wollt dem König Bajasid wohl bestehen. Und da zogen sie auf eine Ebene, die lag vor der Stadt Konjah, die gehörte dem obgenannten Herrn Karaman zu; und da kamen sie zu einander und huben an zu streiten, und an dem Tag täten sie beide fechten, daß einer den andern nicht überwinden mocht. Und in der Nacht hätten sie Ruhe auf beiden Teilen, einer dem andern ohne Schaden. Und der Karaman hätt die selbe Nacht große Freud mit Trompeten und Pauken und Feuermachen, dem Bajasid zu einem Schrecken. Aber der Bajasid schuf, daß man nicht mehr Feuer machte, dann daß man das Essen siede, und darnach es wieder ablösche. Da schickte der Bajasid bei Nacht dreißigtausend Mann hinter die Feind und sagte zu ihnen, wann er des Morgens an die Feind zöge, dann sollten sie hinten auf sie ziehen. Und da der Tag anbrach, da zog Bajasid gegen die Feind, und da zogen die dreißigtausend Mann, die er von sich geschickt hätt, hinten auf die Feind. Und da der Karaman das sah, daß man hinten und vorn auf ihn zog, da ergriff er die Flucht in seine Stadt Konjah und setzte sich in der Stadt zur Wehr. Da schlug sich Bajasid vor die Stadt und lag davor elf Tage, weil er sie nicht gewinnen mocht. Und darnach schickten die Bürger heraus zu dem Bajasid und baten ihn, wollt er sie fristen an Leib und Gut, so wollten sie ihm die Stadt übergeben. Das verhieß er ihnen, und da baten sie ihn, daß er dann käme und die Stadt stürme, so wollten sie ab der Mauer weichen, daß er die Stadt gewönne. Und das geschah, als sie's mit einander verlassen hätten. Und da der Karaman sah, daß der Bajasid in die Stadt war kommen, da zog er mit dem reisigen Volk auf ihn in der Stadt und focht mit ihm. Und hätt er eine kleine Hilf von dem Stadtvolk gehabt, so hätt er den Bajasid mit Gewalt aus der Stadt getrieben. Aber da er sah, daß er keine Hilf hätt, da ergriff er die Flucht, und da ward er gefangen und zu Bajasid geführet. Da fragte ihn der Bajasid und sprach: „Warum willst du mir nicht untertänig sein?" Da antwortete ihm der Karaman und sprach: „Warum sollt ich dir untertänig sein, wann ich als wohl ein Herre bin als du?" Und da das der Bajasid höret, da erzürnte er und fragt sein Volk, wer sich des Karaman unterwinden wollt. Und das sprach er zweimal, darum, daß sich keiner unterwinden wollt. Da sprach er es zum drittenmal, da ging einer herfür und unterwand sich seiner und führte ihn hindann und köpfte ihn und ging darnach zu dem Bajasid. Und da der ihn sah, da fragte er ihn, wie er ihm hätt getan; da sagte er ihm, er hätt ihn geköpft. Da ward der Bajasid weinen und schuf darnach mit einem anderen, daß er dem, der den Karaman getötet hätt, tät, als er ihm getan hätt. Da nahm der ihn und führt ihn hin an die Statt, da er den Karaman hätt geköpft, und köpft ihn auch. Und das geschah darum: wann Bajasid meint, wann ein Herre ein solches in seinem Zorne schüf, so sollt keiner alsbald ein solches vollbringen, wann er meint, er sollt eine Weile warten, bis ihm der Zorn verginge. Und das war auch darauf, daß sich keiner eines solchen Herrn sollt bemächtigen oder unterwinden zu töten. Und darnach schuf Bajasid, daß man des Karamans Haupt auf einen Spieß stecke und in der Stadt umführe, daß sich die anderen Städt und Schlösser desto bälder ergäben, wann sie hörten, daß ihr Herre tot wär. Und darnach besetzte er die Stadt Konjah.

Und dann legte er sich für die Stadt Baranda (Karaman), und er bot ihnen hinein, daß sie sich ergäben, wann er wär ihr Herre; wollten sie das nicht tun, so wollt er sie dazu mit dem Schwert zwingen. Da schickten die Bürger heraus zu ihm – die vier Besten aus der Stadt – und baten ihn, daß er sie sichere an Leib und Gut. Und begehrten auch von ihm: wär's Sach, daß ihr Herre Karaman tot wär, so hätt er zween Söhne in der Stadt, und daß er aus den zween einen zu einem Herrn über die Stadt setze, und wann er das tun wollt, so wollten sie ihm die Stadt übergeben. Da antwortete er ihnen und sagte: er wolle sie sichern an Leib und an Gut, und wann er der Stadt gewaltig würd, so wolle er ihnen wohl einen Herrn setzen, es wäre des Karamans Söhne einer oder einer seiner Herren; und also schieden sie von einander. Und da die Bürger des Bajasid Antwort hörten, da wollten sie ihm die Stadt nicht übergeben und sagten, ob ihr Herre wohl tot wäre, so hätt er doch zween Söhne gelassen, bei ihnen wollten sie sterben und genesen. Und setzten sich fünf Tage wider den König zur Wehr. Und da das Bajasid sah, daß sie sich wider ihn setzten, da schickte er noch mehr Volkes und hieß Büchsen bringen und Maschinen machen. Und da das des Karaman Söhne und ihre Mutter sahen, da forderten sie die besten Bürger zu sich und sprachen zu ihnen: „Lieben Herren, ihr sehet wohl, daß wir euch nicht vor mögen sein gegen den Bajasid, wann er uns zu mächtig ist; daß ihr dann durch unsern Willen verderben sollt, das wär uns leid und möchten des euch nicht ergötzen. So sein wir mit unserer Mutter überein worden, daß wir uns in seine Gnade ergeben wollen." Und das war den Bürgern auch ein Wohlgefallen; und da nahmen des Karaman Söhne ihre Mutter und die besten Bürger aus der Stadt zu sich und auch die Schlüssel zu den Toren, und gingen hinaus zu dem Bajasid. Und da Bajasid seine Schwester mit ihren Söhnen ersah, da ging er ihr entgegen, heraus für das Zelt. Und als sie für den König kamen, da fielen sie ihm zu Füßen und küßten ihm die Füß und baten um Gnade und gaben ihm die Schlüssel zu den Toren. Und Bajasid schuf mit seinen Herren, die neben ihm stunden, daß sie's aufhüben, und das geschah. Und da nahm er die Stadt ein und setzt seiner Herren einen in die Stadt, und seine Schwester und ihre zween Söhne schickte er in seine Hauptstadt Brussa.

Wie der Bajasid den König von Siwas vertrieb

Es war ein Landsherr, genannt Mir-Achmed, der war gesessen in einer Stadt, die ist Amasia genannt, und ist eine Hauptstadt des Landes Mersiwan, und das stößt an des Karaman Land. Und da der obgenannte Mir-Achmed hört, daß der türkische König Bajasid des Karaman Land gewunnen hätt, da schickt er zu ihm und bat ihn, daß er käme und den König zu Siwas, Burhan-Eddin genannt, aus dem Lande triebe, wann er ihm mit Gewalt im Lande läge und er selber ihm nicht möchte vor sein; so wollt er ihm das Land lassen, daß er ihm ein ander Land verlieh in seinem Land. Und da schickt der Bajasid seinen Sohn Machmed mit dreißigtausend Mannen ihm zu Hilf, und trieben den König Burhan-Eddin mit Gewalt aus dem Land. Und da das geschehen war, da überantwortet der Mir-Achmed dem Bajasid die Hauptstadt und das ganze Land. Und da fordert er seinen Sohn Machmed vor und gab ihm das Laud, darum, daß es sein erst Fechten war gewesen, und daß er ob war gelegen. Und darnach nahm der Bajasid den Mir-Achmed zu sich und führt ihn mit sich in sein Land und gab ihm ein ander Land für das seine.

Wie unser sechzig Christen überein wurden, ob wir davon kämen

Und da Bajasid in seine Hauptstadt kam und Sinn hätt, eine Zeit da zu bleiben, in der Zeit wurden unser sechzig Christen überein, wie wir möchten davon kommen. Und also machten wir eine Einigung unter uns und schwuren uns zu einander, daß wir bei einander wollten sterben und genesen. Und da nahmen wir uns eine Zeit für, daß sich ein jeglicher auf die Zeit bereite. Und also kamen wir alle zu einander auf die Zeit, als wir dann verabredet hätten. Und da wurfen wir zween Hauptmann unter uns auf, und was die täten und schüfen, des sollten wir untertänig sein. Also huben wir uns nach Mitternacht auf und ritten hin zu einem Gebirg; und da der Tag anbrach, gelangten wir an das Gebirg. Da stiegen wir ab und ließen die

Pferde rasten, bis die Sonn aufging; und also saßen wir wieder auf und ritten den selbigen Tag und die Nacht. Und da der Bajasid hört, daß wir die Flucht hätten ergriffen, da schickt er uns fünfhundert Pferd nach und schuf, wo man uns finde, daß man uns fing und für ihn brächt. Und also erritten sie uns bei einer Klausen und schrieen uns an, daß wir uns gefangen gäben. Das wollten wir nicht tun, und also stunden wir ab von den Pferden und gingen zu Fuß gegen sie und stellten uns zu Wehre und schossen eine Weil gegen einander. Und da der Hauptmann sah, daß wir uns zu Wehre hätten gesatzt, da trat er herfür und rief einen Fried aus auf eine Stunde, und also gaben wir Frieden. Und darnach ging er zu uns und bat uns, daß wir uns gefangen gäben, er wollt uns sichern an dem Leben. Da gaben wir ihm zur Antwort, wir wollten uns darüber beraten. Also gingen wir zu einander und berieten uns. Darnach gaben wir ihm eine Antwort: wir wüßten wohl, alsbald wir gefangen würden und für ihn gebracht, daß wir sterben müßten; so sei es viel besser, wir stürben hie mit wehrender Hand durch christlichen Glauben. Da der Hauptmann sah, daß wir also stät waren, da sprach er uns wieder zu und bat uns, daß wir uns gefangen gäben; so wollt er uns bei seinem Eide verheißen, daß er uns bei dem Leben wollt behalten. Und ob das wär, daß der König also zornig wäre, daß er uns töten wollt, so wollt er sich am ersten lassen töten. Und das verhieß er uns bei seinem Eide, und also gaben wir uns gefangen, und er führte uns für den König. Da schuf der König, uns zu Hand zu töten; da ging der Hauptmann herfür, der uns gefangen hätt, und kniete nieder für den König und bat ihn, daß er uns am Leben friste, wann er sich seiner Gnaden hätt getröstet und hätt uns bei seinem Eide verheißen, er wollt uns sichern an dem Leben. Also fragt ihn der König, ob wir nicht Schaden hätten getan in dem Lande. Da sagt er, wir hätten keinen Schaden getan. Also ließ er uns einlegen; da lagen wir neun Monat gefangen, und in der Zeit starben zwölf aus uns. Und da der Heiden Ostertag kam, da bat sein älterer (zweiter) Sohn Mir-Musulman für uns, und also ließ uns der König ledig. Und darnach führt man uns für den König, dem mußten wir verheißen, daß wir nimmer mehr wollten von ihm kommen noch abwenden. Darnach gab er uns wieder zu reiten und mehrte uns den Sold.

Wie der Bajasid die Stadt Samson gewann, und von Schlangen und Nattern

Darnach in dem Sommer zog Bajasid mit achtzigtausend Mannen in ein Land, das ist genannt Dschanik, und legte sich für die Hauptstadt Samson [14], die der starke Samson gebauet hat und hat den Namen nach ihm. Der Herre der Stadt und des Landes hieß Dschuneid, den trieb der König aus dem Land. Und da die Stadt hört, daß ihr Herre vertrieben war, da ergaben sie und das ganze Land sich dem Bajasid. Der besatzt die Stadt und das Land mit seinem Volk. –

Es ist zu merken ein groß Wunder, das bei der selben Stadt Samson geschah zu den Zeiten, da ich bei dem Bajasid war. Es kamen um die Stadt als viel Nattern und Schlangen, daß sie die Ebene um die Stadt wohl eine Meile Weges umlegt hätten. Der selben Nattern kamen ein Teil aus dem Meere und ein Teil aus einem großen Walde, wann das Land, das zu Samson gehört, heißt Dschanik und ist ein holziges Land und

hat große Wälder, davon war ein Teil der Nattern kommen. Und die Nattern hätten ihre Sammlung neun Tage, ehe daß sie mit einander stritten. Nun durft niemand vor Sorgen vor dem Gewürm aus der Stadt, und sie täten doch den Leuten noch dem Vieh keinen Schaden. So schuf anch des Landes und der Stadt Herre, daß man dem Gewürm auch nichts täte, und er sagt, es wäre ein Zeichen von dem allmächtigen Gott. Und darnach an dem zehenten Tage kamen die Schlangen an einander und stritten von dem Morgen bis zu der Sonnen Untergang. Und da der Herr und das Volk das gewahr wurde, da hieß der

Herre ein Tor auftun. Und ritt mit einem kleinen Volk für die Stadt und beschaut der Nattern Fechten und sah, daß die Wassernattern den Waldnattern weichen mußten. Und des andern Morgens ritt der Herre für die Stadt und wollt sehen, ob das Gewürm noch da wäre. Da fand er nichts dann die toten Nattern, die hieß er zusammen klauben und zählen, deren waren achttausend. Dann hieß er eine Gruben machen und sie darein werfen und mit Erdreich zudecken. Und schickt zu dem Bajasid und hieß ihm das Wunder sagen. Der nahm sich das zu einem großen Glück für, wann er die Stadt und das Land neulich hätt gewonnen. Und meint, daß die Meernattern unterlegen wären, das wär von dem allmächtigen Gott ein Zeichen, als er ein gewaltiger Herre und König des Landes bei dem Meer wär, so wollt er auch mit Hilf des allmächtigen Gottes des Meeres gewaltiger Herr werden. Samson sind zwo Städt gegen einander über. In der einen sind Christen, die hätten in der Zeit die Welschen von Genua inne; in der andern sind Heiden, denen gehört das Land zu. Und sie gelangen von einer Ringmauer zu der andern mit einem halben Bogenschuß. Und der Stadt und des Landes Herre war zu der Zeit eines Herzogen Sohn, Schischman geheißen, aus dem mittleren Bulgarien, des selben Landes Hauptstadt heißt Tirnowa und hat in den selben Zeiten von Burgen und Schlössern dreihundert gehabt. Das selbe Land gewann Bajasid und fing den Herzog und seinen Sohn. Der Vater starb in der Gefängnis, der Sohn kehrt sich zu heidnischem Glauben, darum, daß man ihn leben ließe. Und da Bajasid Samson gewann und das Land Dschanik, da gab er ihm das selbe Land und die Stadt für seines Vaters Land für seine Lebenszeit.

Wie die Heiden Winters und Sommers zu Felde liegen mit ihrem Vieh, und wie der Bajasid seinen Sohn zum König satzt in Siwas

Es ist Gewohnheit in der Heidenschaft, daß etliche Herren mit ihrem Vieh umziehen in dem Land, und wo sie dann kommen in ein Land, wo gute Weide ist, da bestehn sie die Weid auf eine Zeit von dem Herrn des selben Landes. Nun war ein türkischer Herre, genannt Ottman[15], der zog im Laud um mit Vieh und kam in dem Sommer in ein Land, das heißet Siwas – es heißet auch des Landes Hauptstadt also –, und bat den König von Siwas, hieß Burhan-Eddin, daß er ihm eine Weid verlieh, damit er sein Vieh den Sommer ernähren möcht. Er verlieh ihm eine Weid, darauf er mit seinem Gesinde und Vieh zöge und darauf den Sommer bliebe bis an den Herbst. Da brach er auf und zog hinweg in sein Laud ohne Urlaub des Königs. Da der König vernahm, daß er ohne seinen Urlaub war hingezogen, da erzürnet er und nahm zu sich zehentausend Mann und zog auf die Weide, darauf der Ottman gelegen war, und schlug sich da nieder. Und schickt dem Ottman viertausend Mann nach und schuf, daß sie ihn brächten mit Leib und mit Gut. Als das der Ottman vernahm, da verschlug er sich in ein Gebirg, und die ihm nachreisten, die konnten ihn nicht finden und schlugen sich vor dem Gebirg nieder auf einer Wiesen. Da blieben sie die selbe Nacht und hätten keine Sorg auf den Ottman. Und da der Tag anbrach, da nahm der Ottman tausend Mann seines besten Volkes zu sich und beschaute die Feind. Und da er sah, daß sie sich nicht bewahrt hätten, da ritt er über sie und übereilt sie, daß sie nicht zu Wehre kommen mochten, und erschlug ihrer viele; die anderen ergriffen die Flucht. Dem König ward gesagt, wie der Ottman den Zug niedergelegt hätt. Der wollt's nicht glauben und hätt's für einen Spott. Da kamen etliche zu dem König geflohen, dennoch wollt er sein nicht glauben und schickt hundert Pferd hin, daß sie lugten, ob dem also wäre. Die hundert Pferd zogen hin und wollten lugen. In der Zeit zog der Ottman mit seinem Volk auf den König, und als er die hundert Pferd ersah, da eilt er auf sie und kam mit ihnen auf den König. Und als der König sah, daß er ihn und sein Volk also fast übereilt hätt, daß sie nicht zu Wehre kommen mochten, da ergriffen sie die Flucht, und dem König ward nicht mehr, dann daß er auf ein Roß saß und gegen ein Gebirg floh. Da ersah ihn einer von des Ottman Dienern, und

der eilt ihm nach bis an das Gebirg, da mocht der König nicht weiter. Da schrie ihn des Ottman Knecht an um Gefangenschaft, da wollt er sich nicht ergeben; da nahm er den Bogen und wollt den König geschossen haben. Da nennet sich der König und bat den Knecht, daß er ihn ledig ließe, und verhieß ihm ein gut Schloß und wollt ihm zu einer Urkund seinen Ring von seiner Hand haben geben. Und das wollt der Knecht nicht tun und nahm ihn gefangen und bracht ihn seinem Herrn. Und der Ottman zog dem Volk hinten nach den ganzen Tag bis an den Abend und schlug ihrer viel zu Tode. Und da kehrt sich der Ottman wieder um und schlug sich nieder an der Statt, da der König war gelegen, und schickt darnach nach dem Volk und nach dem Vieh, das er im Gebirge hätt gelassen. Und da das Volk mit dem Vieh kam, da nahm er den König zu sich und zog für die Hauptstadt, genannt Siwas, und schlug sich dafur nieder mit allem seinem Volk und bot hinein, wie er den König hätt gefangen, und daß sie ihm die Stadt übergäben, so wollt er friedlich und versöhnlich mit ihnen leben. Da gab ihm die Stadt zur Antwort, ob er den König hätt, so hätten sie seinen Sohn, daran hätten sie Herrn genug, wann er ihnen zu schwach wäre zu einem Herrn. Also sprach er dem König zu, so er wollt bei dem Leben bleiben, daß er dann mit den Bürgern rede, daß sie ihm die Stadt übergäben. Da sprach der König: „Führ mich zu der Stadt, so will ich's versuchen, ob sie mich des gewähren." Und da man den König zu der Stadt bracht, da bat er die Bürger, daß sie ihn erlösten von dem Tode und dem Ottman die Stadt übergäben. Da antworteten sie dem König und sprachen: „Wir wollen dem Ottman die Stadt nicht übergeben, wann er uns zu schwach ist zu einem Herrn. Ist es dann, daß du unser Herre nicht magst gesein, so haben wir deinen Sohn, den wollen wir zu einem Herrn haben und nicht den Ottman." Und da das der Ottman hörte, da ward er zornig. Da bat ihn der König, daß er ihn leben ließe, so wollt er ihm eine andere Stadt geben, die Kaissarieh hieß[16], mit allem Zugehörigen. Und das wollt der Ottman nicht tun und hieß, den König köpfen zu Angesicht des Volkes in der Stadt, und darnach hieß er ihn vierteilen und jegliches Teil auf eine Stangen binden und für der Stadt aufhenken, und das Haupt hieß er auf einen Reisspieß stecken zu den vier Teilen.

Und in der Zeit als der Ottman vor der Stadt lag, da schickt des Königs Sohn, der in der Stadt war, zu seinem Schwäher, der gewaltiger Herre war in der Weißen Tatarei, daß er ihm zu Hilf käme, wann der Ottman vor der Stadt läge. Und verschrieb ihm auch, wie der Ottman seinen Vater getötet, und wie er groß Volk erschlagen hätt. Und da das sein Schwäher vernahm, da nahm er zu sich sein Volk mit Weiben und Kinden und all ihrem Vieh – wann es auch Gewohnheit ist in dem Land, daß sie mit dem Vieh umziehen auf die Weid –, wann er hätt auch Sinn, er wollt eine Weil daliegen zu Siwas und wollt also das Land vor dem Ottman retten. Und das Volk ward geschätzt auf viertausend Mann ohne Weiber und Kind. Und da der Ottman hört, daß der tatarische Herre herzog, da brach er auf und zog von der Stadt weg in ein Gebirg und schlug sich da nieder mit seinem Volk. Da kam der tatarische Herre mit seinem Volk und schlug sich vor der Stadt nieder. Und alsbald der Ottman hört, daß er sich nieder hätt geschlagen, da nahm er fünfzehenhundert Mann zu sich und teilt sie in zwei Teil. Und da die Nacht kam und es finster ward, da zog er auf sie hin an zween Örtern und macht ein groß Geschrei unter ihnen. Und da der tatarische Herre das Geschrei hört, da meint er, man wolle ihn übergeben, und wich in die Stadt. Und da sein Volk hört, daß er die Flucht hätt ergriffen, da flohen sie allesamt. Und da eilt der Ottman hinten nach und schlug ihrer viel zu Tode und nahm ihnen groß Gut. Und darnach zogen sie wieder in ihr Land; da nahm er das Vieh und das Gut, das er ihnen genommen hätt, und zog wieder hin in das Gebirg, da sein Vieh und sein Gut war. Und ehe daß der Tag anbrach, da saß der tatarische Herre auf und ritt seinem Volk nach und hätt gern gesehen, daß sie sich wieder gekehret hätten, und das wollten sie nicht tun, und also zog er wieder in sein Land. Und darnach an dem dritten Tag zog der Ottman wieder für die Stadt und begehrt von ihnen, daß sie ihm die Stadt noch übergäben, so wollt er ihnen tun, als er verheißen hätt, und das ward ihm abermals versagt. Also legt er sich wieder für die Stadt.

Und da schickt die Stadt zu dem Bajasid und baten ihn, daß er käme und den Ottman aus dem Lande triebe, so wollten sie ihm die Stadt übergeben. Da schickt der König Bajasid seinen Sohn mit zwanzigtausend Pferden und viertausend Fußgängern, und bei dem Zug war ich auch. Und da der Ottman hört, daß des Bajasid Sohn herzog auf ihn, da schickt er sein Vieh und sein Gut in das Gebirg, da er vor gewesen war, und blieb selber auf dem Feld mit tausend Pferden. Und da schickt des Königs Sohn zweitausend Pferd voran, ob sie den Ottman möchten weiter treiben. Und da sie der Ottman ersah, da rannt er sie an, und sie fochten eine Weil mit einander. Und da sie sahen, daß sie ihm nicht vor mochten sein, da schickten sie um Hilf; da kam des Königs Sohn selber geritten mit allem seinem Volk. Und da ihn der Ottman her sah ziehen, da rannt er auf ihn ein und hätte ihn beinahe flüchtig gemacht, wann es war das Volk da noch nicht bei einander. Und da schrie des Königs Sohn sein Volk an und hub darnach an, mit ihm zu fechten, und sie fochten drei Stunden mit einander. Und dieweil sie mit einander fochten, da zogen die viertausend Fußgänger dem Ottman in sein Zelt. Und da das der Ottman hört, da schickte er vierhundert Pferd hinter sich, und die trieben die Fußgänger mit Gewalt aus dem Zelt mit denen, die der Zelte und des Viehes hätten gehütet. Und dieweil wich er mit wehrender Hand in das Gebirg, da sein Gut inne war, und darnach schickt er das Vieh und Gut weiter hinein in das Gebirg, dieweil er sich vor dem Gebirg hielt; und darnach zog er hinten nach und kam also wieder in sein Land. Und darnach zog des Königs Sohn für die Stadt Siwas, und da tät man ihm die Stadt auf, und die Bürger ritten heraus zu ihm und baten ihn, daß er in die Stadt zöge. Das wollt er aber nicht tun und schickt zu seinem Vater, daß er käme und die Stadt und das Land einnähme. Und da kam Bajasid mit fünfzig und hunderttausend Mann und nahm die Stadt und das Land ein, und darnach nahm er seinen Sohn, der hieß Machamed, und macht ihn zu einem König und gab ihm das Königreich zu Siwas; es ist auch zu merken, daß nicht der Sohn König ward, der den Ottman hätt vertrieben.

Wie der Bajasid dem König Sultan eine Stadt und ein Land abfordert, das zum Königreich Siwas gehört

Und da der Bajasid seinem Sohn das obgenannte Königreich hätt überantwortet, da schickt er zu dem König Sultan von einer Stadt wegen, die genannt ist Malathea, und von des Landes wegen, das zu der Stadt gehöret, wann die Stadt und das Land gehörten zu dem obgenannten Königreich, und das hätt der König Sultan inne. Und begehrt von ihm, daß er ihm die Stadt Malathea und das Land gäbe, wann er das Königreich gewonnen hätt. Da entbot ihm der König Sultan, er hätt's mit dem Schwert gewonnen, und wer es haben wollt, der müßt es auch mit dem Schwert gewinnen. Und da der Bajasid die Antwort vernahm, da zog er in das Land mit zween hunderttausend Mannen und legt sich für die obgenannte Stadt und lag davor zween Monat. Und da er sah, daß sie sich nicht ergeben wollten, da füllt er die Gräben ein und umlegte die Stadt mit dem Volk und hub an zu stürmen. Und da das Volk in der Stadt das sah, da riefen sie um Gnade und ergaben sich. Und also nahm er die Stadt und das Laud ein und besetzt es mit seinem Volk.
In der Zeit als Bajasid die obgenannte Stadt gewann, da hätten sich die weißen Tataren für die Stadt gelegt, die genannt ist Angora. Und da Bajasid das hört, da schickt er seinen älteren Sohn mit zweiunddreißigtausend Mannen gegen sie, und der tät ein Fechten mit ihnen. Also mußt er weichen und kam wieder zu dem Bajasid. Also schuf der ihm mehr Volkes zu und schickt ihn wieder hin. Und da focht er aber mit ihnen und lag ihnen ob und fing den tatarischen Herru und zween Landsherren mit ihm und bracht sie gefangen zu Bajasid. Und die weißen Tataren ergaben sich dem Bajasid, und da setzt ihnen der Bajasid einen andern Herrn aus ihnen, und die drei Herren führt er mit sich hin in seine Hauptstadt.

Darnach zog Bajasid für eine andere Stadt, und die ist genannt Adalia (in Pamphilien), und die gehört auch dem König Sultan zu, und die Stadt liegt nicht fern von Cypern. Und in dem Lande, das zu der Stadt gehöret, da zieht man anders kein Vieh dann Chameltiere.[17] Und da der König Bajasid die Stadt und das Land gewann, da schenkt ihm das Land zehentausend Chameltiere. Und da besetzt er die Stadt und das Land, und die Chamel führt er in sein Land.

Vom König Sultan

In der Zeit starb König Sultan, der genannt war Barkok.[18] Darnach ward sein Sohn König, der genannt war Jusuf. Und seines Vaters Diener einer, der krieget mit ihm um das Königreich. Und da schickt der Jusuf zu dem Bajasid und versöhnt sich mit ihm und bat ihn, daß er ihm zu Hilf käme. Also schickt ihm der Bajasid zwanzigtausend Mann zu Hilf, und in dem Zug war ich auch. Und der Jusuf vertrieb seinen Widerteil mit Gewalt und ward gewaltiger Konig Sultan. Darnach ward ihm gesagt, wie fünfhundert Mann unter seinen Dienern wären, die wider ihn wären und hätten's mit seinem Widerteil gehabt. Und also kam er ihnen nach und fing sie, und darnach hieß er, sie auf eine Weid führen, und ließ sie allesamt mitten in der Wüsten von einander schlagen; und darnach zogen wir wieder zu unserm Herrn Bajasid.

Wie der Themurlin[19] das Königreich Siwas gewann

Da der türkische König Bajasid den Ottman hätt vertrieben von der Stadt Siwas, als oben geschrieben steht, darnach zog der Ottman zu seinem Herrn, der genannt war Themurlin – wann er sein Untertan war – und klagte ihm über Bajasid, wie er das Königreich zu Siwas mit Gewalt hätt gewonnen und ihn davon getrieben, und bat ihn, daß er ihm wieder hülfe, das Königreich zu gewinnen. Da gab ihm der Themurlin zur Antwort, er wollt zu dem Bajasid schicken und das Laud fordern.

Und schickt darnach der Themurlin zu dem Bajasid und fordert das Königreich. Da entbot ihm der Bajasid, er wollt es ihm nicht geben, wann er hätt's mit dem Schwert gewonnen, und er wäre als gut darzu als er. Und da der Themurlin die Antwort vernahm, da nahm er zu sich zehenhunderttausend Mann und zog in das Königreich zu Siwas, und legt sich für die Hauptstadt und lag einundzwanzig Tage davor und grub die Ringmauer an etlichen Enden um. Also gewann er die Stadt mit Gewalt. Und fünftausend Mann reisiges Volks waren in der Stadt, die der Bajasid dahin hätt geschickt, und die wurden alle lebendig begraben. Und das geschah darum, wann da der Themurlin die Stadt gewann, da bat ihn der Hauptmann, daß er ihr Blut nicht vergieße, und das verhieß er ihnen, darum wurden sie lebendig begraben. Und darnach zerstört er die Stadt, und das Stadtvolk nahm er alles gefangen und führt sie mit sich in sein Land. Es wurden anch neuntausend Jungfrauen verschrieben, die der Themurlin in der Stadt gefangen hätt, die führt er anch mit sich in sein Land. Es wurden dem Themurlin dreitausend Mann erschlagen, ehe daß er die Stadt gewann, und darnach zog er wieder in sein Laud.

Wie Bajasid Klein-Armenia gewann

Da der Themurlin heim zog in sein Land, da sammelt sich der Bajasid und zog mit dreihunderttausend Mannen in das kleine Armenien und gewann das dem Themurlin ab und besatzt die Hauptstadt, die genannt ist Ersingan, und darnach zog er wieder in sein Land. Und da der Themurlin hört, daß ihm Bajasid das obgenannte Land hätt abgewonnen, da zog er mit sechzehenhunderttausend Mann auf den Bajasid, und da das der Bajasid hört, da zog er ihm entgegen mit vierzehenhunderttausend Mannen. Da kamen sie zu einander bei einer Stadt, die Angora heißet, und da hätten sie einen vermessenen Streit mit einander. Und der Bajasid hätt dreißigtausend Mannen von den weißen Tataren bei sich, die hätt er voran hingeschafft, und die schlugen sich zu dem Themurlin. Und da täten die zwei fechten, daß einer dem andern nichts mocht angewinnen. Da hätt der Themurlin zweiunddreißig Elefanten, die zu dem Streit bereitet waren, und hinnach, Mitte des Tages, schuf er, daß man sie an den Streit führt. Und da man die Elefanten auf das Feld bracht, da fochten sie mit einander, da gab der türkische König Bajasid die Flucht und hielt sich an einem Berg wohl mit tausend Mannen. Und da umlegt der Themurlin den Berg, daß er nicht mocht weichen, und also fing er ihn; und darnach war er acht Monat in dem Land und gewann und besatzt das ganze Laud. Und zog in des Bajasid Hauptstadt und führt ihn mit sich, und nahm von des Bajasid Schatz Silber und Gold, was tausend Kamele tragen mochten. Und der Themurlin wollt den Bajasid mitgeführt haben in sein Laud, da starb er auf dem Weg.

Und ich ward von dem Themurlin gefangen und ward mit ihm geführet in sein Laud, und blieb bei ihm und ritt mit ihm. Und das alles, das vor geschrieben steht, hat sich ergangen in der Zeit, da ich bei dem Bajasid bin gewesen.

Wie der Themurlin mit König Sultan kriegt

Da der Themurlin den Bajasid hätt überwunden und wieder heim gekommen war in sein Laud, darnach hub er an, mit dem König Sultan zu kriegen, der oberster König in der Heidenschaft ist. Und nahm zu sich zwölfhunderttausend Mann und zog dem König Sultan in sein Land und legt sich für eine Stadt, genannt Haleb, und die Stadt hat vierhunderttausend Häuser. Und da nahm der Herr, der Pfleger war über die Stadt, zu sich achtzigtausend Mann und zog heraus für die Stadt und focht mit dem Themurlin, und da mocht er dem Themurlin nichts angewinnen. Da gab er die Flucht, und es ward ihm viel Volkes zu Tod geschlagen. Und kam wieder in die Stadt und satzt sich zu Wehre; und darnach an dem vierten Tag gewann Themurlin die Vorstadt, und das Volk fing er und hieß es in den Graben werfen, der um die Stadt ging, und darauf Kot und Holz werfen. Und also füllt er den Graben an vier Stellen aus, und der Graben war zwölf Klafter tief und eitel Fels. Und darnach stürmt er die Stadt und gewann sie mit Gewalt, und den Hauptmann fing er, und die Stadt belegt er mit schweren Abgaben. Und darnach zog er für eine andere Stadt, die heißt Rumkaleh [20], und die ergab sich. Da zog er aber für eine andere Stadt, die heißt Aintab, und da lag er neun Tage vor, und an dem zehenten Tag gewann er sie mit Gewalt, und das Gut, das in der Stadt war, nahm

er mit sich. Und zog für eine andere Stadt, die da heißet Behesna, und da lag er fünfzehen Tage vor, und die ergaben sich; also besatzt er die Stadt. Und die obgenannten Städte sein Hauptstädte in dem Land, das da heißet Syria. Und darnach zog er für eine Stadt, die heißet Damaskus, und die ist die oberste Hauptstadt in dem genannten Land. Und da der König Sultan hört, daß Themurlin für Damaskus war gezogen, da schickte er zu ihm und bat ihn, daß er die Stadt nicht verderbe und des Tempels schone, und das gewährt ihm der Themurlin und zog von der Stadt. Der Tempel, der in der

Stadt Damaskus ist, der ist also groß, daß er vierzig Türen auswendig hat. Und in dem Tempel hangen zwölftausend Ampeln, und täglich brennen neuntausend, und am Freitag, der ihr Wochenfeiertag ist, so brennen sie alle mit einander. Und unter den Ampeln sind ihrer viele, die ganz gülden und silbern sein, die dann die Könige und die mächtigen Herren haben machen lassen.

Und als der Themurlin von der Stadt zog, da zog König Sultan mit dreißigtausend Mannen heraus von Kairo, die seine Hauptstadt ist, und hätt dem Themurlin gern eins angewonnen, und schickt zwölftausend Mann in die Stadt Damaskus. Und da das der Themurlin vernahm, da zog er auf ihn. Da wich König Sultan wieder einwärts in seine Hauptstadt, und der Themurlin zog ihm nach. Und wo König Sultan des Nachts lag, da ließ er des Morgens die Weid und das Wasser vergiften, und wann dann der Themurlin daselbst hinkam, so wurden ihm die Lent und Vieh vergiftet, also daß er großen Schaden an Leuten und Vieh nahm und dem König Sultan nicht nachkommen mocht. Und da zog er wieder um und zog wieder für die Stadt Damaskus und lag davor drei Monat, daß er's nicht gewinnen mocht. Und alle Tag in den drei Monaten geschah ein Fechten, und da die zwölftausend Mann sahen, daß sie keine Hilf von ihrem Herrn hätten, der sie dahin geschickt hätt, da begehrten sie Geleit von dem Themurlin, und das gab er ihnen. Also zogen sie des Nachts aus der Stadt hin zu ihrem Herrn. Und darnach stürmt der Themurlin die Stadt und gewann sie mit Gewalt. Da kam der Scheik, das ist so viel als ein Bischof, für den Themurlin und fiel ihm zu Füßen und bat um Gnade für sich und alle seine Priesterschaft. Da schuf der Themurlin, daß er seine Priesterschaft zu sich nehme und in den Tempel gehe. Da ging er mit seiner Priesterschaft, mit Weiben und Kinden in den Tempel. Es ging aneh sonst viel Volkes in den Tempel der Sicherheit wegen, daß man auf dreißigtausend Menschen, jung und alt, schätzt, die in dem Tempel waren. Und da hätt der Themurlin Leute zu dem Tempel geschickt und hätt mit ihnen geschafft, wann der Tempel voll wäre, so sollten sie ihn versperren, und das geschah. Und darnach hieß er, den Tempel rund ùm mit Holz belegen, und ließ es darnach anzünden; und also verderbte er alle, die in dem Tempel waren. Darnach befahl er seinem Volke, daß jeglicher ihm ein Manneshaupt brächte, und das währte drei Tage. Und da macht er aus den Häuptern, die man ihm gebracht hätt, drei Türme, und darnach zerstört er die Stadt und zog hin in ein ander Land, das genannt ist Scherch[21], und in dem Land zieht man nur Vieh. Und das Land ergab sich. Und da befahl er ihnen, daß sie ihm Speis brächten, wann sein Volk hätt großen Hunger gelitten, wann dieweil er vor der Stadt war gelegen, da war ihm die Speis zerrunnen. Und darnach zog er wieder in sein Land.

Wie der Themurlin Babilonien gewann

Da der Themurlin heim kam aus des Königs Sultan Land, darnach nahm er zu sich zehenhunderttausend Mann und zog hin gen Babilon (Bagdad). Und da das der König von Babilon hört, da wich er aus der Stadt und ließ die Stadt besatzt. Und da schlug sich der Themurlin für die Stadt und lag einen ganzen Monat vor der Stadt, und in der Zeit grub er die Ringmauer um und gewann die Stadt und brannte sie aus. Und er hätt geschworen, er wollt die Stadt zerstören, daß man nicht wüßt, ob Häuser da wären gestanden oder nicht. Und darnach hieß er, die Stadt umackern und Gerste dahin säen. Und darnach zog er für eine Feste, die lag an einem Wasser. Da grub er das Wasser ab, und da faud er drei bleierne Truhen in dem Wasser, die waren voller Goldes, und jegliche Truhe war zween Klafter lang und einen breit. Die Truhen hätt der König darein gesenket darum, ob man die Feste gewünne, daß ihm dannoch das Gold blieb. Und die Truhen nahm der Themurlin zu sich, und darnach gewann er die Feste. Auf der Feste waren fünfzehen Gesellen, die ließ er henken, und in der Feste fand er auch vier Truhen, die waren aneh voll Silber und Gold; die nahm er auch zu sich, und darnach gewann er noch drei Städte darzu. Und da ging der Sommer an, daß er von der Hitze wegen nimmer mocht bleiben, und da zog er wieder aus dem Lande.

Wie der Themurlin das Klein-India gewann

Da der Themurlin von Babilonien in sein Land kam, da bot er aus, daß man sich in vier Monaten bereite, so wollt er in das Klein-India ziehen, und das liegt von seiner Hauptstadt vier Monat Tagweide. Und nach der Zeit zog er hin in Klein-India mit dreizehenhunderttausend Mannen und zog durch eine Wüste, die ist zwanzig Tagweiden lang, und da ist großer Mangel an Wasser. Und darnach kam er an ein Gebirge, und da zog er acht Tage, ehe er aus dem Gebirge kam. Und in dem Gebirge kam er an einen Weg, da mußte man die Kamele und Rosse auf Bretter binden und mußt sie darauf abhin lassen. Darnach kam er in ein Tal, da ist es so finster inne, daß einer den andern bei lichtem Tag nicht wohl sehen mocht, und das währt auf eine halbe Tagweide. Darnach kam er in ein holziges Gebirge, da zog er drei Tage und drei Nächte inne. Und darnach kam er auf eine schöne Ebene, die vor der Hauptstadt des Landes liegt, und auf der selbigen Ebene bei dem holzigen Gebirge schlug er sich mit seinem Gesinde zu Felde. Da entbot er dem König des obgenannten Landes also: „Mir Timur geldi"; das ist als viel gesprochen: „Ergib dich, Herr Themurlin ist kommen!" Und da der König von Klein-India die Botschaft vernahm, da entbot

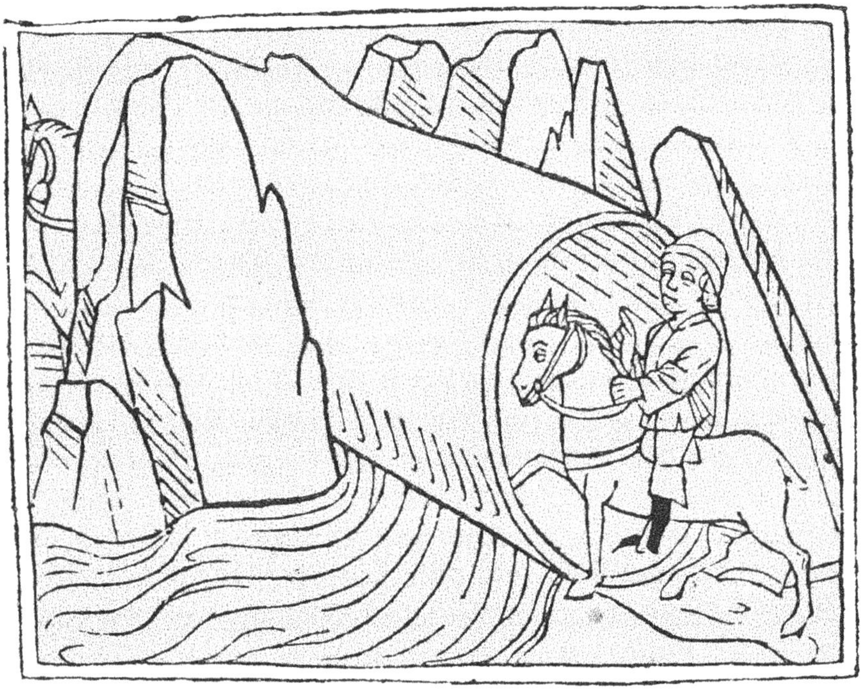

er ihm, er wollt sich mit ihm mit dem Schwert verrichten. Und darnach bereitet er sich und zog dem Themurlin entgegen mit vierhunderttausend Mannen und vierhundert Elefanten, die zu dem Streit bereitet waren. Und auf jeglichem Elefanten hätt man einen Turm von Holzwerk gebauet, und in jeglichem Turm waren zum mindesten zehen Mann bereit zum Streit. Und da das der Themurlin hört, da zog er ihm auch mit seinem Volk entgegen. Der König hätt die Elefanten voran hin geschicket, und da sie zu einander kamen, da hätt der Themurlin gern gefochten, da mocht er dem König nichts angewinnen vor den Elefanten, wann wenn er hinan wollt reiten, so wollten die Rosse nicht hinan und scheuten die Elefanten, und das trieben sie vom Morgen ab bis auf des Tages Mitte. Und der Themurlin mußt wieder hinter sich ziehen. Darnach fordert er seinen Rat und hätt Rat mit ihnen, wie er dem König von der Elefanten wegen mit Hinterlist sollt ansiegen. Da riet ihm einer, genannt Suleyman, er solle Kamele nehmen und sollt darauf Holz lassen binden. Und wann man die Elefanten hertriebe, so sollt man das Holz lassen anzünden, das auf den Kamelen wäre, und sollt die Kamele mit dem Feuer gegen die Elefanten treiben. So überwünde man sie mit dem Geschrei und mit dem Feuer, wann die Elefanten das Feuer hart fürchten. Da nahm Themurlin zwanzigtausend Kamele und ließ Holz darauf binden und schuf, daß man es ausrichte, als dann sein Landsherre geraten hätt. Und darnach zog der König wieder auf den Themurlin, und der Themurlin zog ihm entgegen; und der König hätt die Elefanten aber voran geschicket. Und Themurlin hieß, das Holz anzünden, das man auf die Kamele hätt gebunden, und ließ die Kamele mit dem Feuer gegen die Elefanten treiben. Und die Kamele schrieen, und des Themurlin Volk hätt ein groß Geschrei. Und da die Elefanten das Geschrei hörten und das Feuer sahen, da kehrten sie sich um und flohen, daß sie niemand halten mocht. Und da zog Themurlin mit aller seiner Macht auf den König und auf die Elefanten, und der Elefanten wurden viele erschlagen. Und da das der König sah, da wich er in die Stadt, und darnach zog der Themurlin hinnach und schlug sich für die Stadt und lag zehen Tage vor der Stadt. Und in der Zeit unterhandelte der König mit dem Themurlin üm zween Zentner indischen Goldes, und das ist besser dann das arabische Gold, und gab ihm auch viel edeln Gesteins und verhieß auch, ihm dreißigtausend Mann zu leihen, wo er sie hinfordere. Und also wurden sie mit einander verrichtet, und der König blieb bei seinem Königreich, und der Themurlin zog wieder in sein Land und bracht hundert Elefanten mit sich und das Gut, das ihm der König hätt geben.

Wie ein Landsherre dem Themurlin groß Gut entführt

Als der Themurlin aus Klein-India kam, darnach schickt er einen Landsherren, der war Chebach genannt, mit zehentausend Mannen in eine Stadt, die heißet Soltania in Persien, der sollt ihm den Landzins aus der Stadt bringen, wann man fünf Jahre allen Zins und Zoll aus Persia und Armenia dahin hätt geleget. Und da kam der obgenannte Herre und nahm das Gut und lud darmit tausend Wagen. Und darnach schrieb er an einen Herrn, der war in dem Lande Masanderan[22] gesessen und war sein Freund. Und der kam mit fünfzigtausend Mannen zu ihm gezogen, und da sie zu einander kamen, da wurden sie mit einander überein und verbunden sich, und darnach nahmen sie das obgenannte Gut und führten es mit sich in das Land Masanderan. Und da der Themurlin vernahm, daß man ihm das Gut hinweg hätt geführet, da schickt er groß Volk hin, daß sie das obgenannte Land gewünnen und ihm die zween Herren, die ihm das Gut hätten genommen, gefangen brächten. Und da das Volk in das Land kam, da mochten sie dem Land nichts angewinnen, wann es große Wälder um sich hätt, und sie schickten um mehr Volk zu dem Themurlin. Und da schickt er ihnen siebenzigtausend Mann, daß sie das Holz abschlügen und einen Weg machten und das Land gewünnen. Und da das Volk kam, da schlugen sie das Holz auf zehen Meilen ab, doch mochten sie dem Land nichts angewinnen. Und da schickten sie wieder zu dem Themurlin und entboten ihm, daß sie dem Land nichts möchten angewinnen. Und da hieß er sie wieder umkehren, und also zogen sie wieder heimwärts.

Wie der Themurlin bei siebentausend Kind tötete

Nach dem, als oben geschrieben steht, da zog er in ein Königreich, das genannt ist Ispahan, und schlug sich für die Hauptstadt, die auch Ispahan geheißen ist, und begehret von ihr, daß sie sich ergäben. Und also ergaben sie sich und zogen heraus, mit Weib und Kinden ihm entgegen, und da nahm er sie gnädiglich auf. Da nahm er sechstausend Manu seines Volkes und besatzt damit die Stadt, und den Herrn der Stadt, der Schah Schedscha war genannt, nahm er zu sich und zog darnach aus dem Land. Und da die Stadt hört, daß Themurlin aus dem Land war gezogen, da sperrten die Bürger die Stadt zu und schlugen die sechstausend Mann zu Tod, die der Themurlin hinein hätt gesatzt. Und da das der Themurlin hört, da kehrte

er sich wieder um und zog für die Stadt und lag fünfzehen Tage vor der Stadt, weil er sie nicht gewinnen mocht. Und darnach macht er einen Frieden mit ihnen, doch in solchermaß, daß sie ihm die Schützen all liehen, die in der Stadt wären, die wollt er mit sich auf einer Reise führen und wollt sie darnach wieder schicken. Und die Stadt schickt ihm zwölftausend Schützen. Da diese zu ihm kamen, da ließ er ihnen allen die Daumen abschlagen, und darnach schickt er sie wieder in die Stadt. Und darnach, an dem andern Tage, zog er selber in die Stadt und nahm sie mit Gewalt ein, und das Volk in der Stadt fing er und schuf darnach: was von Knaben unter vierzehen Jahren war, die hieß er behalten, und die anderen Mannen ließ er köpfen, und darnach macht er einen Turm von Häuptern mitten in der Stadt. Und darnach hieß er, die Weiber und Kinder, die in der Stadt waren, außen hin auf das Feld führen, und darnach ließ er die Kinder unter sieben Jahren besunders auf dem Felde stellen. Und da das geschehen war, da hieß er sein Volk über die Kinder reiten, die man besunders hätt gestellet. Da fielen seine Räte und der Kinder Mütter ihm zu Füßen und daten ihn, daß er das nicht täte; und das wollt er nicht tun und befahl aber, daß sie über die Kinder ritten. Da wollt keiner der erste sein, und da er sah, daß keiner wollt voran hinein reiten, da erzürnt er sich und ritt am ersten anhin und sprach gen seinem Volk: „Nun will ich gern sehen, welcher mir nicht nachreiten wölle." Und da er das sprach, da mußt alles sein Volk ihm nachreiten, und also ritt er mit seinem Volk zweimal über die Kinder und zertrat sie allesamt, und der Kinder waren bei siebentausend. Darnach hieß er die Stadt alle ausbrennen, und die andern Weib und Kind führt er mit sich in sein Laud und zog darnach in seine Hauptstadt, die genannt ist Samarkand, und in der Stadt war er in zwölf Jahren nicht gewesen.

Wie der Themurlin wollt mit dem großen Khan gestritten haben

Und in der Zeit als der Themurlin aus war gewesen, hätt der Großekönig zu Kattai[23] einen Boten mit vierhundert Pferden zu ihm geschickt und fordert von ihm den Zins, wann er ihm vor zinsbar war gewesen und hätt ihm den Zins fünf Jahre vorenthalten. Den Boten hätt der Themurlin lange mit sich geführet, und da er in seine Hauptstadt kam, da schickt er ihn heim zu seinem Herrn und entbot ihm, er wollt ihm nicht zinsbar noch untertänig sein, und er hofft, er müßt ihm zinsbar und untertänig sein, und er wolle selber leiblich zu ihm kommen. Und also schied der Bote von ihm. Und darnach bot der Themurlin in allen seinen Landen aus, daß man sich bereite, wann er wollt nach Kattai ziehen. Da sammelt er um sich achtzehenhunderttausend Mann und zog in Kattai. Und da er einen Monat zog, da kam er an eine Wüste, die war siebenzig Tagweiden lang, und da zog er zehen Tag in die Wüste hinein; und da ging ihm groß Volk ab von Wassers wegen, und nahm auch großen Schaden an Rössern und anderm Vieh, das ihm abging von Kälte wegen, wann es ist gar kalt in dem selbigen Lande. Und da er sah, daß er also großen Schaden an Leuten und an Vieh nahm, da kehrt er wieder um und zog in seine Hauptstadt. Und in der Zeit ward er krank.

Von des Themurlins Tode

Es ist auch zu merken, daß sich der Themurlin von dreierlei Sach wegen härmt, daß er krank ward und in der selben Krankheit starb. Die erste Ursach ist die Schmach, die ihm der obgenannte Herre erzeigt hätt, der ihm das Gut entführt. Die ander und die dritte Ursach sein hie zu merken: es hätt der Themurlin drei Weiber und zu der jüngsten hätt er große Lieb. Und in der Zeit, als er außen war gewesen, da hätt sein jüngstes Weib seiner Landsherren einen lieb gewunnen. Und da der Themurlin daheim war, da kam sein ältestes Weib zu ihm, und sagte ihm, wie sein jüngstes Weib Geheimschaft zu seinem Landsherrn hätt, und das wollt der Themurlin nicht glauben. Sie sprach: „Willst du es nicht glauben, so gehe in ihr Gemach und heiße sie, dir ihre Truhen auftun, so findest du einen Ring mit einem Edelgestein und Briefe, die er ihr geschickt hat." Und da Themurlin das vernahm, da entbot er ihr, er wolle die Nacht bei ihr sein. Und da er des Nachts zu ihr kam in ihr Gemach, da schuf er mit ihr, daß sie ihre Truhen aufschließe, und das geschah. Da ging er über die Truhen und fand den Ring und die Briefe, die ihr der Landsherre hätt geschickt. Und da er das faud, da saß er nieder und fragt sie, von wannen der Ring und die Briefe kämen. Da fiel sie ihm zu Füßen und bat ihn, daß er nicht zürne, wann ihr das ein Landsherre hätt geschickt.

Und darnach ging der Themurlin aus der Kammer und befahl, sie zu köpfen; und das geschah. Und darnach zuhand schickt er nach dem Landsherrn, den sein Weib lieb hätt gehabt, fünftausend Pferde, daß sie ihn gefangen brächten. Da ward der Landsherr von dem Hauptmanne gewarnt, der nach ihm war geschickt. Und da der Landsherr das vernahm, da nahm er fünfhundert Mann zu sich und Weib und Kind und floh in ein Land, das Masanderan genannt ist, und da mocht ihm der Themurlin nichts anhaben. Und darum fraß er sich auch gar hart, daß er das Weib hätt getötet und ihm der Landsherr entronnen war. Und in dem Leid starb der Themurlin und ward kostbarlich begraben.

Ihr sollt auch wissen: da der Themurlin begraben war, darnach heult er in dem Grab bei der Nacht, daß ihn die Priester hörten, die bei dem Tempel saßen, da er inne lag. Und das trieb er ein ganzes Jahr, und seine Freunde gaben große Almosen, daß er das Heulen ließe, und das wollt nicht helfen. Und da bereiteten sich die Priester und gingen zu seinem Sohn und baten ihn, daß er die Gefangenen ledig ließe, die sein Vater gefangen und aus andern Landen in seine Hauptstadt gebracht hätt. – Wann was er Handwerksleut fing, die bracht er in seine Hauptstadt, und die mußten dann da arbeiten. – Die ließ des Themurlins Sohn alle ledig, und da das geschehen war, darnach hört man ihn nimmer heulen. Und alles das, was vorgeschrieben steht von dem Themurlin, das hat sich begeben in sechs Jahren[24], die ich bei ihm bin gewesen.

Von des Themurlins Söhnen

Nun sollt ihr wissen, daß der Themurlin zween Söhne hinter sich ließ, und der ältere war genannt Schah Roch, und der auder hieß Miran-Schah. Der Schah Roch hätt einen Sohn, dem überantwortet Themurlin seine Hauptstadt und alles Land, das darzu gehört[25]; und seinen zween Söhnen gab er jeglichem ein Königreich in Persia und andere große Lande, die darzu gehörten. Und nach des Themurlins Tode kam ich zu seinem

Sohn, der genannt war Schah Roch, und der hätt das Königreich von Chorassan, und die Hauptstadt heißet Herat.

Der jüngere Sohn des Themurlin, Miran-Schah, der hätt das Königreich Täbris (in Aserbeidschan). Und nach seines Vaters Tod, da kam ein Landsherre, der Jusuf[26] genannt war, und vertrieb den jungen König Miran-Schah und nahm das Königreich ein. Da schickte Miran-Schah zu seinem Bruder Schah Roch, daß er käme und ihm wieder in sein Königreich helfe. Da kam sein Bruder mit achtzigtausend Mann zu ihm, darnach schickt er dreißigtausend Mann seines Volkes mit seinem Bruder Miran-Schah, daß er den Jusuf aus dem Königreich triebe. Und er hätt auch zweiundvierzigtausend Mann, die nahm er zu sich und zog auch auf den Jusuf. Und da dieser das vernahm, da zog er ihm mit sechzigtausend Mann entgegen, und fochten einen ganzen Tag mit einander, daß einer dem andern nichts angewinnen mocht. Und also zogen sie wieder von einauder. Darnach schickt der Miran-Schah zu seinem Bruder, daß er ihm zu Hilf käme mit seinem übrigen Volk. Und also kam er ihm zu Hilf, und darnach fochten sie mit dem Jusuf und vertrieben ihn. Und also ward Miran-Schah wieder eingesatzt in sein Königreich. Aber zween Lande, die hätten sich an den Jusuf geschlagen, das waren Kurdistan und Klein-Armenia. Da zog Schah Roch in die Lande und gewann sie und macht sie seinem Bruder untertänig. Und darnach zog er wieder in sein Land und ließ seinem Bruder zwanzigtausend Mann seines Volkes, ihm zu Hilf, und bei denen blieb ich anch bei dem Miran-Schah.

Wie Jusuf den Miran-Schah ließ köpfen und sein Land alles einnahm

Darnach über ein Jahr, als der Miran-Schah wieder ward eingesetzt, da kam der obgenannte Jusuf mit einem großen Zug in des Miran-Schah Land. Und da er das vernahm, da zog er ihm wohl mit hunderttausend Mann entgegen, und kamen auf einer großen Ebene zusammen, die Charadach[27] genannt ist, und da fochten sie zween Tage mit einander, und da unterlag der Miran=Schah und ward gefangen, und zuhand hieß Jusuf ihn köpfen. Es ist auch eine Ursach zu merken, warum der Jusuf den Miran=Schah tötete: es hätt Jusuf einen Bruder, der war Mißr genannt, und der tötet dem Miran=Schah einen Bruder, und darnach kam es zu einem Kriege, daß Miran=Schah den Mißr in die Gefängnis brachte und ihn tötet. Und darum

ward der Miran=Schah auch von Jusuf getötet. Und da er geköpft war, da hieß Jusuf des Miran=Schah Haupt auf einen Reisspieß stecken und für die Hauptstadt führen, die nach dem Königreich Täbris genannt ist, und zeigt es der Stadt, damit sie sich desto bälder ergäbe. Und da die Stadt sah, daß ihr Herre tot war, da ergab sie sich. Und also nahm Jusuf die ganze Hauptstadt ein und das ganze Königreich und was darzu gehört.

Wie Jusuf einen König fängt und ihn köpft

Darnach, als der Jusuf das Königreich hätt eingenommen, da entbot ihm der König von Babilonien, daß er ihm das Königreich überantworte, wann es zu seinem Königreich gehöre und sein Stuhl darinne wäre. Und es wäre nicht billig, daß er das Königreich inne hätt, wann er nicht darzu geadelt wäre, da er nur ein schlichter Landsherre wäre. Und da das der Jusuf vernahm, da entbot er ihm hinwider, wie er doch einen Hauptmann darinnen müßt haben, so bäte er ihn, daß er ihm das gönne und ihn Hauptmann sein ließe, so wollt er die Münzen in seinem Namen schlagen, und alles, was ihm zugehöre, das wollt er ihm geben. Und das wollt der König nicht tun, wann er hätt einen Sohn, dem wollt er das Königreich geben. Und darnach kam der König von Babilon mit fünfzigtausend Mann auf den Jusuf gezogen, und da der Jusuf seiner gewahr ward, da zog er ihm mit sechzigtausend Mann entgegen, und kamen auf einer Heide zusammen, die Akkum genannt ist, und da fochten sie mit einander. Und da unterlag der König und floh in eine Stadt, die bei der Heide lieget. Da zog Jusuf ihm hintennach und fing ihn in einem Haus und schlug ihm den Kopf ab, und besaß darnach das Königreich wieder.

Da des Themurlins Sohn Miran-Schah des Streites unterlag und von Jusuf geköpft ward, als es vor geschrieben stehet, darnach kam ich zu seinem Sohn, der Abubekr genannt war, und dabei war ich vier Jahre. Und darnach, als der König von Babilon auch von Jusuf getötet war, wie oben geschrieben stehet, da nahm der Abubekr ein Land ein, das Irak genannt war, und das gehört zu dem Königreich Babilonien. Es hätt auch der Abubekr einen Bruder, der Mansur hieß, und der hätt das Land Eriwan inne. Und da schickt er zu ihm, daß er zu ihm käme, und das wollt der Mansur nicht tun. Also zog er auf ihn und fing ihn und hätt ihn eine Weil in Gefängnis, darnach hieß er, ihn würgen, und darnach nahm er sein Laud ein.

Es ist auch zu merken, daß der Abubekr so stark war, daß er mit einem Bogen, wie die Heiden führen, durch eine Pflugschar schoß, daß das Eisen von dem Pfeil durch die Pflugschar ging und der Schaft darinne steckt. Und die Pflugschar mit dem Pfeil darinne hing man zu einem Wunder für ein Tor in des Themurlins Hauptstadt Samarkand. Und da der König Sultan hört', daß er also stark war, da schickt er ihm ein Schwert, das war zwölf Pfund schwer, und das schätzt man auf tausend Gulden. Und da man ihm das Schwert bracht, da hieß er, ihm einen Ochsen von drei Jahren bringen, daran wollt er das Schwert versuchen. Da schlug er ihn mit einem Streich mitten von einander; und das tät er, dieweil der Themurlin noch lebt.

Von eines Königs Sohn

Bei dem Abubekr war eines Königs Sohn aus der Großen Tatarei, und dem kam Botschaft, daß er käme, weil man ihm das Königreich überantworten wollt. Also bat er den Abubekr, daß er ihm erlaube in die Tatarei zu ziehen, und das ward ihm gewähret. Also zog er hin mit sechshundert Pferden. Da kam ich selbfünft zu ihm, und wir zogen mit ihm in die Große Tatarei.[29] – – –

Und da des Königs Sohn, der Tschekra genannt war, zu dem Herrn Edigi kam, so ihm die Botschaft verschrieben hätt, da lag dieser die Weil zu Feld und wollt in ein Land ziehen, das Wissibur (Sibirien) heißet. Es ist anch zu merken, daß in der Großen Tatarei Gewohnheit ist, daß der König einen Obmann ob ihm hätt, und der hätt Gewalt, einen König zu erwählen und abzusetzen, und hatt auch Gewalt über die Landsherren. Und der obgenannte Edigi war in der Zeit Obmann. Es ist auch zu merken, daß in der Tatarei der König und der Obmann und die Landsherren mit Weib und Kind und Vieh Winter und Sommer umherziehen und allwegen zu Felde liegen. Und wo der König lieget, da müssen hunderttausend Mann bei ihm liegen und sein hüten.

Nun heb ich's wieder an: als der Tschekra zu dem Edigi kam, darnach zog er mit ihm in das obgenannte Land Wissibur, und sie zogen zween Monat, ehe sie in das Land kamen. Und in dem Land ist ein Gebirge, das ist Arbuß (Ural) genannt und ist zweiunddreißig Tagweiden lang. Es meinen auch die Leut, die daselbsten sitzen, daß am Ende des Gebirges eine Wüste angehe, und die selbige Wüste sei am Ende des Erdreiches. Es mag auch niemand durch die Wüste kommen, noch Wohnung darinnen haben von Gewürm und Getier wegen. Und in dem obgenannten

Gebirge, da sein wilde Leute, die keine Wohnung bei anderen Menschen haben, und sie sein haarig an dem ganzen Leib, ausgenommen an den Händen und unter dem Antlitz und laufen als andere Tiere in dem Gebirge und essen Laub und Gras und was sie ankommen. Und der Herr des obgenannten Landes schenkte dem Edigi einen Mann und ein Weib von den wilden Leuten, die hätt man in dem Gebirge gefangen, und darzu drei wilde Roß, die man auch daselbst gefangen hätt; die Rosse sein in der Größe eines Esels. Auch hat es daselbst viel mancherlei Tiere, die in deutschen Landen nicht sein und die ich nicht nennen kann. Auch sein in dem obgenannten Lande Wissibur Hunde, die ziehen in den Karren und im Winter in den Schlitten. Sie müssen auch etliche Felleisen über Laud tragen, und sie sind in der Größe eines Esels, und in dem Lande essen sie die Hund. Es ist auch zu merken, daß die Leute in dem Lande an Jesum Christum glauben, als dann die Heiligen Drei Könige glaubten, darnach als sie Christo das Opfer gen Bethlehem brachten und ihn in dem Krippelein liegen sahen. Und also lassen sie sich in dem Lande Unsers Herrn Bild machen, in einem Krippelein, als ihn die Heiligen Drei Könige gesehen haben, und das stellen sie in ihrem Tempel auf und beten davor. Und das Volk, das in dem Glauben ist, heißt Uiguren[30], und in der Tatarei ist auch viel Volks, das den Glauben hätt.

Es ist aneh Gewohnheit in dem Land: wann ein Jüngling, der kein Weib hätt, stirbt, so nehmen sie allerlei Spielleute und legen dem Toten sein bestes Kleid an und legen ihn in eine Bahre und machen darüber einen Himmel. Und das junge Volk legt auch seine besten Kleider an und gehet voran und die Spielleute mit ihnen, und Vater und Mutter und die Freundschaft gehen nach der Bahre. Und also wird er von dem jungen Volk und den Spielleuten mit großer Freud und Gesang zu Grabe getragen; aber Vater und Mutter und die Freunde klagen. Und wenn sie ihn dann begraben, so bringen sie ihr Essen und Trinken mit und haben große Freude; und Vater und Mutter und die Freunde sitzen besonders und klagen. Und wenn sie das verbracht haben, so nehmen sie Vater und Mutter und begleiten sie wieder in ihr Haus oder wo sie Wohnung haben, und da klagen sie dann. Und das verbringen sie in der Maßen, als ob er Hochzeit hätte, darum daß er kein Weib hätt gehabt.

Auch baut man in dem Lande nichts als Hafer, und sie essen auch kein Brot. In dem Laud und bei dem allen bin ich gewesen und hab es gesehen; und in der Zeit bin ich bei des obgenannten Königs Sohn Tschekra gewesen.

Wie ein Herr nach dem andern Herr ward in der Großen Tatarei

Da der Edigi und Tschekra das Land Wissibur gewonnen hatten, darnach zogen sie in ein ander Land, genannt (Bulgarei), und das gewannen sie auch und zogen darnach wieder in ihr Land.

Und in der Zeit war ein König in der Großen Tatarei, der war Schadibeg-Khan genannt, und Khan heißet in tatarisch so viel als König. Und da dieser hört, daß der Edigi ins Land war gekommen, da nahm er die Flucht. Da schickt der Edigi dem König nach, daß man ihn in die Gefängnis brächte, und da ward der König in dem Fechten erschlagen. Und der Edigi setzt einen König ein, der war Polet genannt, der regiert anderthalbes Jahr. Da kam einer, der hieß Dschelal-Eddin, und vertrieb den König Polet. Und darnach ward des Poleten Bruder König, genannt Themir, und der regiert vier Monate. Da kam der Dschelal-Eddin herwieder, der den Polet hätt vertrieben, und bracht den Themir ums Leben und ward König und regiert vierzehen Monate. Da kam sein Bruder Kiback und focht mit ihm um das Königreich. Und Kiback schoß seinen Bruder, den König, zu Tode, er ward aber nicht König. Er hätt einen andern Bruder, Kerimberdi, der ward König und regiert fünf Monate. Da kam sein Bruder Kiback wieder und vertrieb ihn und ward König. Und darnach kam der Edigi und der Tschekra, bei dem ich war, und sie vertrieben den König.

Und Edigi macht meinen Herrn, den Tschekra, zum König, als er ihm verheißen hätt, und er war auf acht Monate König. Da kam einer, der Mohammed genannt war, und focht mit dem Tschekra und dem Edigi, und der Tschekra floh in das Laud Kiptschak, und der Edigi ward gefangen, und der Mohammed ward König. Und darnach kam Borrak, der vertrieb den Mohammed und ward König. Und da sammelt sich der Mohammed und vertrieb den Borrak und ward wieder König. Darnach kam einer, der hieß Dewletberdi, der vertrieb den Mohammed und ward nur drei Tage König, denn der obgenannte Borrak vertrieb ihn und ward wieder König, und dieser Borrak ward von Mohammed getötet, und der ward wieder König. Und darnach kam Tschekra, mein Herre, und focht mit dem Mohammed und ward erschlagen.

Von einer heidnischen Frauen, die viertausend Jungfrauen hätt

In der Zeit, als ich bei dem Tschekra war, da kam eine tatarische Frau, genannt Sadurmelick, mit viertausend Jungfrauen und

Frauen zu dem Edigi und auch zu dem Tschekra; und war eine mächtige Frau, und ihr Mann war ihr von einem tatarischen König erschlagen worden, und sie kam darum zu dem Edigi, weil sie ihren Mann rächen wollt. Und Edigi half ihr den König vertreiben.

Ihr sollt auch wissen, daß sie und ihre Frauen wie die Mannen in den Streit ritten und fochten und mit den Handbögen schossen.

Und wann die Frau in einen Streit ritt, so band sie an jegliche Seiten ein Schwert und einen Handbogen.
Es ward auch in einem Fechten des Königs Vetter gefangen, der der Frauen Mann hätt erschossen. Und da man ihn für sie bracht, da hieß sie ihn niederknieen, und darnach zog sie ihr Schwert aus und schlug ihm in einem Streich das Haupt ab. Und da sie das verbracht hätt, da sprach sie: „Nun endlich hab ich mich gerochen." Ich bin dabei gewesen und hab es gesehen.

Wie und durch welche Land ich kommen bin aus der Heidenschaft

Da der Tschekra unterlag und erschlagen ward, da kam ich zu einem Herrn, der Manschuk genannt und des Tschekra Ratsherre gewesen war, und der mußt weichen und zog in eine Stadt, die ist Kaffa[31] genannt und ist eine mächtige Stadt, und in der Stadt sein Christen und auch sechserlei Glauben. Und da blieb mein Herre fünf Monat.
Darnach fuhr er über einen Arm des Schwarzen Meeres und kam in ein Land, das Tscherkessien heißet, und da blieb er ein halbes Jahr. Das ward der tatarische König gewahr und schickt zu dem Herrn des Landes und entbot ihm, daß er den obgenannten Herrn Manschuk nicht in dem Lande lasse, dann tät er ihm ein groß Wohlgefallen. Und darnach zog Manschuk in das Land Abasa.
Und darnach zog er in ein auder Laud, das war Mingrelien[32] genannt. Und da er in das Land kam, da wurden unser fünf Christen überein, wie wir aus der Heidenschaft wieder zu Lande kämen, daraus wir gebürtig waren, wann wir hätten von dem Land nur drei Tagweiden bis an das Schwarze Meer. Und darnach, als wir überein waren, da schieden wir von dem Landsherru Manschuk und kamen in die Hauptstadt des obgenannten Landes, die Batum genannt ist; die lieget bei dem Meere, und da begehrten wir, daß man uns überführe nach auswärts, und das wurde uns abgeschlagen.

Darnach ritten wir aus der Stadt an dem Meere entlang und kamen in ein Gebirge, darinne ritten wir vier Tage. Und darnach kamen wir auf einen Berg, da sahen wir eine Kogge in dem Meere stehen wohl bei acht Meilen fern vom Gestad. Und also blieben wir da auf dem Berg, bis die Sonne unterging. Und darnach, da es dunkel ward, machten wir ein Feuer auf dem Berg, und das Feuer sah man auf der Koggen. Und darnach schickt der Schiffmann Knechte in einem Boote zu dem Berge, daß sie schauten, wer auf dem Berge wäre. Da wir sie zu uns fahren hörten, da meldeten wir uns gegen ihnen, und also fragten sie uns, wer wir wären. Da sagten wir ihnen, wir wären Christen und wären in der Heidenschaft gefangen gewesen und mit Gottes Hilf bis hieher gekommen, daß man uns in die Christenheit überführe, und daß wir wieder zu Lande kämen. Und sie wollten uns nicht glauben, daß wir Christen wären, und fragten uns, ob wir nicht das Paternoster könnten und den Glauben. Da mußten wir ihnen das Paternoster sagen und den Glauben. Darnach fragten sie uns, wieviel unser wären, da sagten wir ihnen, unser wären fünf. Und dann hießen sie uns, auf dem Berg warten, und fuhren wieder hin zu ihrem Herrn und sagten ihm, als wir ihnen gesagt hätten, und darnach fuhren sie herwieder und führten uns auf die Koggen. Und da wir drei Tage auf dem Meere fuhren, da kamen drei Galeeren, darauf waren Türken, die raubten auf dem Meere. Und kamen auf die Kogge zu, darauf wir waren, und hätten's gern beraubt, und eilten der Koggen drei Tage und zwo Nächte nach und mochten ihr nichts angewinnen. Darnach kam die Kogge zu der Stadt Amastris, und da blieb sie drei Tage, und die Türken fuhren wieder ihren Weg hin.

Und darnach fuhr die Kogge wieder auf das Meer und wollt gen Konstantinopel fahren. Und da wir nichts sahen dann Himmel und Wasser, da kam ein Wind und schlug die Kogge wohl auf achthundert welsche Meilen hinter sich zu einer Stadt, die Sinop genannt ist; und da lagen wir fünf Tage. Und darnach fuhren wir weiter, und fuhren anderthalb Monate auf dem Meere und mochten nicht zu Land kommen. Und uns ging die Speise ab, daß wir nichts zu essen hätten noch zu trinken. Da kamen wir auf dem Meere zu einem Felsen, und da funden wir Schnecken und Meerspinnen, die klaubten wir auf und speisten uns vier Tage damit. Und also fuhren wir drei Monate auf dem Meere und kamen darnach gen Konstantinopel, und die Kogge fuhr darnach hin in welsche Lande. Und da wir durch das Tor gingen, da fragte man uns, von wannen wir wären. Da sagten wir ihnen, wie wir in der Heidenschaft wären gefangen worden, und wie wir wieder heraus wären kommen und gern in die Lande zögen, daraus wir gebürtig wären. Und da die, so uns gefraget hätten, das vernahmen, da führten sie uns zu dem griechischen Kaiser. Da wir für ihn gebracht wurden, da fragte er uns auch, wie wir in die Heidenschaft wären kommen und wohin wir wollten. Da erzählten wir ihm vom Anfang bis an das Ende, wie wir hinein wären kommen, und wie es uns darin ergangen wäre, und wie wir gern zu Lande wären. Da sagte er, wir sollten uns nicht sorgen, er wöllt uns wohl zu Laud bringen. Und darnach schickt er uns zu dem Patriarchen, der auch in der Stadt sitzt, und hieß uns, da warten. Wann er einen Bruder hätt, der bei König Siegmund von Ungern wäre; dem wollt er eine Galeere schicken, so wollt er uns auf der Galeeren hinaus in die Walachei schicken. Und wir blieben drei Monat bei dem Patriarchen in Konstantinopel. Aber man wollt mich und meine Gesellen nicht in der Stadt umhergehen lassen, wann sie fürchteten, die Heiden würden uns erkennen und dann von dem Kaiser fordern. Darum mocht ich die Stadt nicht recht geschauen, wann der Kaiser hätt uns auch verboten, daß wir nicht ausgingen. Aber bisweilen gingen wir mit des Patriarchen Dienern aus spazieren.

Es ist auch zu merken, daß die Stadt Konstantinopel achtzehen welsche Meilen weit von einer Ringmauer umfangen ist, die fünfzehenhundert Türme hat. Die Stadt ist dreikantig, die zween Teile der Stadt hat das Meer umfangen. Konstantinopel heißen die Christen Istimboli, und die Türken heißen's Stambol. Und der Stadt gegenüber lieget die Stadt Pera, und die Griechen und die Heiden nennen's Galatha. Zwischen den zwo

Städten ist ein Arm von dem Meer, wohl auf drei welsche Meilen lang und eine halbe oder mehr breit. Und sie fahren zu einander auf dem Arm, wann über Land ist es weiter um; die selbe Stadt gehört nach Genua. Es hat auch der Große Alexander fünfzehen welscher Meilen lang durch großes und hohes Gebirge und Felsen gegraben und hat zwo Meere in einander gelassen. Und das da fließt, ist das große Meer, man heißt es auch das Schwarze Meer, und da fließt die Donau hinein, und viele andere große Wasser fließen auch darein. Und auf dem Meer fährt man gen Kaffa und Alathena[33] und viel andere Städt und Lande, die darum liegen. Den Arm von dem Meere heißen die Griechen Hellespont, die Heiden heißen ihn Pogas. Auch haben die Türken eine Überfahrt auf dem Meer gegenüber Konstantinopel, die heißet Schuter (Skutari).

Nicht fern von Konstantinopel bei dem Meer auf einer schönen Ebene ist Troja gewesen, und man sieht wohl noch, wo die Stadt gestanden ist.

Der Kaiser von Konstantinopel hat zween Paläste in der Stadt. Der eine ist gar schön und wohl geziert mit Gold und Lasur und Marmelstein, und vor dem Palast ist ein gar schöner Hof zum Stechen und zu allerlei Kurzweil, die man haben will. Vor dem Palast steht auf einer hohen marmelsteinernen Säule das Bild Kaiser Justinians auf einem Roß. Da fragte ich einen Bürger aus der Stadt, woraus das Bild gemacht wäre. Der sagt mir, es wäre aus Glockenspeise also ganz gegossen, Roß und Mann an einander. Etliche sagen hie zu Lande, es sei von Leder. Nun ist es wohl tausend Jahr da gestanden, wär es von Leder, so möcht es also lange nicht gestanden sein, es wäre verfault. Das Bild hat vor Zeiten einen güldenen Apfel in der Hand gehabt, das hätt bedeutet, daß er ein gewaltiger Kaiser über Christen und Heiden ist gewesen.

Nicht fern von Konstantinopel ist eine Insel, die heißet Imbros; da ist ein Berg, der ist so hoch, daß er bis an das Gewölke langet.

Zu Konstantinopel ist die schönste Kirche, so man in der Welt finden mag, die heißet Sankt Sophia. Und ist alle mit Blei überdecket, und man ersieht sich in der Kirchen an der Mauer als in einem Spiegel, also klar und fein ist sie gemacht von Marbel und mit Lasur an der Mauer. In der Kirchen ist ihr Patriarch inne mit seiner Priesterschaft, und da gehen die Griechen und alle, die dem Patriarchen untertan sein, hin kirchfahrten als wir gen Rom. Da der Kaiser Konstantin die Kirchen vollbracht hätt, da hat er zu einer Besserung der Kirchen fünf güldene Scheiben hoch oben in das Gewölbe der Kirchen machen lassen, und eine jegliche Scheibe ist so groß und dick als ein Mühlstein. Aber der Kaiser Johannes hat ihrer zwo herabgenommen in dem großen Krieg, den der Bajasid, der türkische König, mit ihm hätt, wann er lag sieben Jahre vor der Stadt Konstantinopel. Und die drei Scheiben hab ich in der Kirchen gesehen. Es hat auch die Kirche wohl hundert Türen, und die sein alle von Messing.

Nun vernehmet und merket, wie ich zu Land kommen bin. Der Kaiser von Konstantinopel schickt uns auf einer Galeeren zu einem Schloß, das heißet Gily, und daselbst fließet die Donau in das Meer. Und bei dem Schloß schied ich von meinen Gesellen, die aus der Heidenschaft mit mir kommen waren, und kam zu Kaufleuten. Mit denen zog ich in eine Stadt, die heißet in deutscher Sprache Weyßstadt und lieget in der Walachei, und darnach in eine Stadt, Aspasery. Und kam darnach mehr zu einer Stadt, heißet Sedschopf (Seczawa) und ist Hauptstadt in der Kleinen Walachei. Ich kam auch darnach zu einer Stadt, die heißet in deutsch Lemberg und ist die Hauptstadt in Klein-Reußen. Da lag ich drei Monate krank und kam dann gen Krakau, das ist eine Hauptstadt in Polen. Und darnach kam ich in das Land zu Sachsen, darnach gen Meißen, darnach gen Breslau, das in Schlesien eine Hauptstadt ist. Und kam darnach in eine Stadt, die heißet Eger, von Eger gen Regensburg, darnach gen Landshut; und von Landshut gen Freising, da mein Anwesen ist gewesen.

Gott dem Allmächtigen sei gedankt, daß er mir Macht und Kraft gegeben hat, und mich behütet und beschirmet hat zweiunddreißig Jahre, die ich, Hans Schiltberger, in der Heidenschaft bin gewesen, da ich alles, das vorgeschrieben stehet, erfahren und gesehen habe.

Von der Griechen Glauben

Die Griechen glauben nicht an die Heilige Dreifaltigkeit, auch nicht an die heilige Kirche zu Rom noch an den Papst. Sie sprechen, ihr Patriarch habe so viel Gewalt als der Papst. Das Sakrament wandeln sie mit gesäuertem Brot und genießen das mit Wein und warmem Wasser. Und wann der Priester

das Sakrament wandelt, so fallen sie alle nieder auf das Antlitz und sprechen, kein Mensch sei würdig, Gott anzusehen. Und wann der Priester die Meß vollbracht hat, so nimmt er das übrige Brot, da er das Sakrament von genommen hat, und schneidet es in kleine Bröcklein in einen Napf. So sitzen dann Mannen und Frauen nieder, und dann gehet der Priester oder ein Schüler und trägt ihnen das Brot für, so nimmt jeglicher ein Bröcklein und beißen das an, und das selbige Brot heißen sie Prosphora (d. i. Gabe). Und das selbige Brot backt kein Mann noch Frau, sondern eine Jungfrau, die noch rein ist, oder eine

Klosterfrau. Auch geben sie den jungen Kindern das Sakrament. Sie geben keinem Menschen das heilige Öl.
Sie sprechen auch, es sei kein Fegfeuer, es komme auch niemand gen Himmel, noch in die Hölle bis am Jüngsten Tage, so komme dann ein jeglicher Mensch dahin, wie er es verdienet habe. Sie haben anch keine Meß, man bestelle sie dann. Auch sprechen sie, man solle auf einem Altar nicht mehr dann eine Meß an einem Tage halten. Sie lassen keine lateinische Messe auf ihren Altären lesen, wann sie meinen, man sölle in keinerlei Sprach dann in der griechischen Meß sprechen, wann es sei die älteste Sprach im christlichen Glauben. Sie sprechen, ihr Glaube sei der rechte christliche Glaube, die anderen seien nicht gerecht. Sie haben anch an den Werktagen nicht Meß, dann allein an den Feiertagen, wann ihre Priester müssen alle arbeiten und sein Handwerksleut und haben alle Weiber und Kinder. Es nimmt auch jeglicher ihrer Priester nur ein Weib, und wann sie stirbt, so darf er kein Weib mehr zur Ehe nehmen. Und wann er mit einem Weib zu schaffen hat und der Bischof wird das inne, so nimmt er ihm sein priesterlich Amt, und er darf nimmer Meß lesen. Wann der Bischof einen Priester weihet, so gürtet er ihm einen Gürtel um, und wann dann der Priester wider seine priesterliche Ordnung tut, so nimmt er ihm den Gürtel wieder, so darf er nimmer Meß sprechen und ist von seinem Amt gefallen.
Es heiraten anch die Besten und die Reichsten mit den Priestern, und wo sie in einer Wirtschaft sein, so sitzen der Priester Weiber zu oberst an dem Tisch, und wo die Frauen mit einander gehen, da gehen die Priesterfrauen voran hin.
Ihre Kirchen sein nicht frei; wann wer eine Kirche baut, so vererbet er sie, wann er stirbt, seinen Freunden als das ander Gut, und verkaufet sie anch als ein auder Haus.
Sie sprechen, wer mit ledigen Frauen zu schaffen hätt, das sei keine Todsünd, es sei eine natürliche Sach. Und wer von hundert Pfennigen zehen Pfennige in einem Monat zu Gewinn nähme, das sei nicht Wucher, es sei ein göttlicher Gewinn.
Sie essen auch kein Fleisch an dem Mittwoch; am Freitag essen sie nur von Öl und Fischen und sprechen, der Samstag sei kein

Fasttag, und man möge wohl Fleisch daran essen. In der Kirchen stehen die Frauen besonders, und kein Mann noch Frau darf zu dem Altare gehen. Wann sie ein Krenz machen, so tun sie es auf die linke Hand.

Auch wann eins krank wird, und sie sehen, daß es sterben will, so taufen sie es wieder; und findt man viele Leut, die sich alle Jahre taufen lassen. Sie haben keinen Weihbrunnen in ihren Kirchen. Ihr Bischof stehet mitten im Chore, und die Priester stehen rund um ihn. Auch ißt ihr Bischof über Jahr kein Fleisch, und in der Fasten ißt er keinen Fisch, noch nichts, das Blut hat, auch alle ihre geistlichen Leute halten das. Wann sie ein Kind wollen taufen, so haben sie bei zehen oder mehr Gevattern, Mannen und Frauen, und eine jegliche Frau bringet dem Kind ein Taufhemdelein und eine Kerze.

Sie sprechen, es sei eine Sünde, daß unsere Priester alle Tage Meß hätten, wann sie möchten dessen nicht würdig sein. Auch sündigten sie tödlich, daß sie den Bart ließen abscheren, sie täten es den Frauen zu einem Wohlgefallen.

Wann eines stirbt, und man es besingen will, so geben sie den Priestern und den Leuten, die da sein, weich gesottenen Weizen zu essen, und das halten sie aus dem Alten Bunde, und den selbigen Weizen heißen sie Kolyboa. Auch waschen sie ihre Toten, ehe daß sie sie begraben.

Die Laien fasten im Advent vierzig Tage, und den heiligen Zwölfboten zu Ehren fasten sie dreißig Tage, in den rechten Fasten fasten sie fünfzig Tage und Mariä Himmelfahrt fünfzehen Tage. Sie halten nur drei von Unser Frauen Tage, den Lichtmeßtag halten sie nicht.

Der Kaiser zu Konstantinopel macht selber Patriarchen und verleihet selber alle Gottesgabe der Kirchen und ist Herr der geistlichen und weltlichen Gerichte, also ferne sein Laud reichet.

Ich hab es von den Griechen viel gehöret, daß Kaiser Konstantinus von Rom ist ausgezogen mit vielen Kielen und Galeeren und ist kommen in Griechenland an die Statt, da Konstantinopel lieget. Da ist ihm ein Engel Gottes erschienen, der sprach zu ihm: „Hie soll deine Wohnung sein! Nun sitz auf dein Pferd und lug nicht um und reit schnell bis an die Statt, da du zu reiten hast angehoben!" Und da saß er auf und ritt wohl einen halben Tag. Und da er schier war kommen an die Statt, da er aufgesessen war, da lugt er um, und da sah er die Mauer nach ihm her wachsen, wohl eines Mannes hoch ob der Erden, und an der Statt, da er hätt umgelugt, da will keine Mauer bleiben bis an die Statt, da er zu reiten angehoben hätt, und ist wohl zwanzig Schritt oder mehr weit. Und man hat es viel versucht, da zu mauern, es hat aber keine Mauer nie bleiben wollen. Es ist gegen dem Meer wärts, daß man es baß behüten mag, dann da es gegen dem Land wärts wäre. Und ich hab es gesehen, wann an der selben Statt gehet Pfahlwerk darum. Und darum sagen die Griechen, die Engel hätten die selbige Mauer gebauet. Die Krone, damit man ihren Kaiser krönet, hat ein Engel dem Kaiser Konstantino vom Himmel gebracht, die haben sie für eine himmlische Krone und meinen, daß kein Kaiser würdiger sei als der Kaiser zu Konstantinopel.

Wann ein Priester stirbt, so legt man ihm alles sein Meßgewand an, und so setzen sie ihn auf einem Sessel in das Grab und decken ihn mit Kot zu. Die Griechen neigen sich auch gar demütiglich vor ihren Priestern. Also wann ein Laie gegen einem Priester 'gehet, so nimmt er seinen Hut ab dem Haupt und neiget sich gegen dem Priester und spricht: „Gesegen mich, Herre!" So leget ihm der Priester seine Hand auf sein Haupt und spricht: „Gott gesegen dich!" Und das tun sie alleweg, Mann und Frauen, wo ihnen ein Priester begegnet.

Auch wann ein Priester ein Weib nimmt, so nimmt er's, ehe er Priester wird, und das tun sie darum, daß sie inne werden, ob er Kinder bekomme. Wann, bekommt er keine Kinder, so möcht er nicht Priester werden, und alsobald er ein Kind bekommt, so weihet man ihn zu einem Priester. Die Laien beten nur das Paternoster und können den Glauben nicht und auch nicht das Ave Maria. Es tragen aneh ihre Priester nur weiß Meßgewand.

In welchen Landen ich gewesen bin

Es ist hie zu merken, in welchen Landen ich gewesen bin.
Als ich von Bayern auszog, da kam ich gen Ungern; da war ich zehen Monat, ehe daß der große Zug geschah in die Heidenschaft, da ich auch mitzog, als es vor geschrieben steht.
Ich bin auch gewesen in der Walachei und in den zwo Hauptstädten in der Walachei, die genannt sein Ardschisch und Turgowista. Und eine Stadt, die ist genannt Ibrail (Braila), die liegt auf der Donau, da haben die Koggen und Galeeren, die die Kaufmannschaft aus der Heidenschaft bringen, ihre Niederlegung. Es ist auch zu merken, daß das Volk in der Walachei – in der Großen und Kleinen – griechischen Glauben haben, und haben auch eine besondere Sprache und lassen allsamt das Haar und die Bärte wachsen und schneiden sie nimmer nicht ab.
Und bin gewesen in der Kleinen Walachei und zu Siebenbürgen, und das ist ein deutsches Land, und die Hauptstadt in dem Land heißt Hermannstadt; und zu Burzenland, und die Hauptstadt heißt Kronstadt.
Und das sind die Lande, da ich bin gewesen, die diesseits der Donau liegen.

In welchen Landen ich gewesen bin, die zwischen der Donau und dem Meer liegen

Nun sollet ihr merken, in welchen Landen ich gewesen bin, die zwischen der Donau und dem Meer liegen.
Ich bin in dreien Landen gewesen, die heißen alle drei Bulgarien. Das erste Bulgarien, das lieget, da man von Ungern zu dem Eisernen Tor überfährt, und die Hauptstadt heißet Pudein (Widdin). Das ander Bulgarien liegt gegenüber der Walachei, und die Hauptstadt heißet Tirnowa. Und das dritte Bulgarien liegt, da die Donau in das Meer fließt, und die Hauptstadt heißt Kaliakra.
Ich bin anch gewesen in Griechenland, und die Hauptstadt ist genannt Adrianopel, und die Stadt hat fünfzigtausend Häuser. Auch liegt eine große Stadt bei dem welschen Meer in Griechenland, die heißt Salonik. In der Stadt liegt ein Heiliger, der

ist genannt Sankt Demetrius, und Öl fließt aus seinem Grab. Und mitten in der Kirchen, da der Heilige liegt, da ist ein Brunnen, und an seinem Tag wird der Brunnen voll Wassers, und sonst über Jahr ist er trocken. In der Stadt bin ich gewesen. Auch liegt eine mächtige Stadt in Griechenland, die ist genannt Seres. Die Lande, die zwischen der Donau und dem Meere liegen, gehören dem türkischen König. Es ist auch eine Stadt und eine Feste, genannt Gallipoli, da fährt man über das große Meer (Mittelländische Meer – mare vastum), und daselbst fuhr ich über in die große Türkei. Auch fährt man daselbst gen Konstantinopel über das obgenannte Meer. In der Stadt bin ich zween Monat gewesen, und da kommt man auch in die große Türkei.

Und die Hauptstadt in der Türkei ist genannt Brussa, und die Stadt hat zweihunderttausend Häuser und acht Spitäler, da man die armen Leute beherbergt, es seien Christen, Heiden oder Juden, und es gehören zu der Stadt dreihundert Schlösser.

Von dem alten und dem neuen Babilon, und von der Großen Tatarei

In dem Königreich Babilon bin ich auch gewesen. Babilon heißet in heidnischer Sprach Bagdad. Und das große Babilon ist fünfundzwanzig Leg breit mit der Mauer umfangen, und ein Leg ist drei welscher Meilen[34]; und die Mauer ist zweihundert Ellen hoch und fünfzig Ellen dick. Das Wasser des Euphrates rinnet mitten durch die Stadt; sie ist aber nun alle zerstöret, und ist keine Wohnung mehr da. Und der Turm zu Babilon ist vierundfünfzig Stadien hoch, und vier Stadien sind eine welsche Meile, und an jeglichem Ort hat er zehen Leg nach der Weite und nach der Breite. Der Turm ist in der großen Wüste von Arabia auf dem Weg, wann man gen Chaldea zeucht, und mag auch niemand darzu kommen vor Drachen und Schlangen und anderm bösen Gewürme, das viel in der selbigen Wüste ist. Und den Turm hat ein König gebauet, und hat in heidnischer Sprach Nimrud geheißen.

Nun sollet ihr auch merken von dem neuen Babilon. Das lieget entfernt von dem großen Babilon auf einem Wasser, das heißet Schat (Tigris) und ist ein groß Wasser. Und in dem Wasser sind viel Meerwunder, die kommen aus dem Indischen Meer. Und bei dem Wasser wächst eine Frucht auf Bäumen, die heißet Dattel, und die Heiden heißen's Kurma. Und die Frucht mag man nicht abnehmen, bis die Störch hineinkommen und die Schlangen und Nattern vertreiben, wann das Ungeziefer hat Wohnung unter den Bäumen und darauf. Und die Frucht wächst zweimal im Jahre. Es ist auch zu merken, daß man in der Stadt Babilon gemeiniglich zwo Sprachen redet, die arabische und persische. Es ist auch ein Garten zu Babilon, da allerlei Tiere in sein, und der ist zehen Meilen weit umfangen und vermacht, daß sie nicht daraus mögen, und in dem Garten haben die Löwen eine besondere Wohnung.

Item in Klein-India (Hindostan) bin ich gewesen. Und in dem Land sein viele Elefanten; es ist auch ein Tier da, Giraffe genannt, das ist einem Hirschen gleich und ist ein hohes Tier und hat einen langen Hals und ist auf vier Klafter lang oder länger und hat vorne hohe Füß und hinten kurze, und der Tiere sein viele in Klein-India. Es leben auch viele Strauße und Papageien darinne und viele Tiere, die ich nicht nennen kann.

Ich bin auch in der Großen Tatarei gewesen. Es ist auch zu merken die Gewohnheit des Landes: am ersten, daß sie keinerlei Getreide bauen dann Hafer. Sie essen auch kein Brot und trinken keinen Wein; sie trinken die Milch von Rossen und Kamelen und essen auch deren Fleisch und auch anderlei Fleisch. Der König des Landes und seine Landsherren liegen Winters und Sommers mit Weiben und Kinden und mit dem Vieh und allem ihren Zugehörigen zu Felde und ziehen von einer Weide zu der andern, wann es ist ein ebenes Land. Wann sie einen König wählen, so nehmen sie ihn und setzen ihn auf einen weißen Filz und heben ihn dreimal auf dem Filz, und darnach tragen sie ihn um das Königszelt und darnach in das Zelt und setzen ihn auf den Königsstuhl und geben ihm ein gülden Schwert in die Hand, so muß er dann schwören, als es Gewohnheit ist.

Wann sie essen oder trinken, so sitzen sie dazu auf die Erde nieder, es tun's auch alle Heiden. Auch ist kein streitbarer Volk unter den Heiden, dann die großen Tatern sein, und das baß ertragen mag auf Reisen und in Kriegen. Wann ich hab gesehen, daß sie den Rossen in eine Ader haben geschlagen und das Blut aufgefangen, und haben das gesotten und gegessen; und das tun sie, wann sie Mangel an Speis haben. Auch hab ich gesehen und hab es selber getan, wann sie in einer Reis eilen, so nehmen sie Fleisch und schneiden es dünn und tun es in ein leinen Tuch und legen's dann unter den Sattel und reiten darauf. Wann sie dann hungert, so nehmen sie's aus dem Sattel und essen es also roh. Und sie salzen es zuerst, wann sie meinen, es sei nicht schädlich, wann es wird trocken von der Wärme des Rosses und auch mürbe, wann der Sattel drückt es im Reiten, daß der Saft daraus gehet. Und das tun sie, wann sie eilen auf einer Reise und nicht Zeit haben, die Speis zu bereiten. Auch ist es Gewohnheit, wann ihr König des Morgens aufsteht, so bringt man ihm Roßmilch in einer güldenen Schalen, so trinkt er dann die Milch nüchtern.

Es ist auch ein Land, das heißet Tscherkessien, und lieget bei dem Schwarzen Meer. Und die in dem Lande halten griechischen Glauben und sein böse Leut, wann sie verkaufen ihre eignen Kind den Heiden und stehlen anderen Leuten ihre Kind und verkaufen sie, und sein anch Räuber auf den Straßen. Sie haben eine Gewohnheit: wann das Wetter einen zu Tode schlägt, so nehmen sie ihn und legen ihn in eine Truhe und setzen ihn in der Truhen auf einen hohen Baum. So kommt dann das Volk in der selbigen Gegend, und bringen ihr Essen und Trinken mit unter den Baum, und essen und trinken und tanzen und haben große Freud unter dem Baum. Und sie stechen Ochsen und Lämmer ab und geben's um Gottes willen, und das tun sie drei Tage nach einander. Und dieweil der Tote auf dem Baum lieget, so kommen sie an dem Jahrestag und tun als vor geschrieben stehet, und das tun sie so lange, bis daß er verfault ist. Und das tun sie darum, weil sie meinen, er sei heilig davon, daß ihn das Wetter erschlagen hat.

Von dem Lande Ägypten

In dem Lande Ägypten ward einer König, der hieß Malek-al-Aschraf. Und der König berief eine Hochzeit zu Rom und in alle Christenheit und auch in allen Landen. Nun sollet ihr auch merken, wie er sich niedergeschrieben hat. Er schrieb also: „Wir Solomander, Allmächtiger von Cartago, ein Sultan der edelen Sarazenen, ein Herre zu Puspillen, ein Herre des obersten Gottes zu Jerusalem, zu Kappadokien, ein Herre des Jordans, ein Herre im Orient, da das Syrtenmeer ausgehet, ein Herre zu Bethlehem, da euer Fraue geboren ward, unsere Nichte, und ihr Sohn, unser Neffe von Nazareth, ein Herre zu Sinai und des Tales Pharun und des Tales zu Josaphat, ein Herre zu Hermon, an dem Berg sein zweiundsiebenzig Türme gelegen, alle aus Marmelstein erbaut, ein Herre des großen Forstes, vierhundert Meilen lang und wohl besetzt mit zweiundsiebenzig Sprachen, ein Herre des Paradieses und der Wasser, die daraus rinnen, und gelegen in unserm Land Kappadokien, ein Vogt der Hölle, ein gewaltiger Kaiser zu Konstantinopel, Emir von Kaykamer, ein gewaltiger Kaiser zu Galgarien, ein Herre des dürren Baumes, ein Herre, da Enoch und Elias unbegraben sein, ein Herre, da die Sonne und der Mond auf- und untergehet, ein Beschirmer des ersten Priesters Johann in der verschlossenen Romoney, ein Vereinader zu Wadach, ein Bewahrmunder zu Alexandria, ein Anheber der festen Stadt Babilon, da die zweiundsiebenzig Sprachen in gemacht sein, und Kaiser, König aller Könige, ein Herre der Christen, Juden und Heiden, ein Dienstmann der Götter."

Es ist auch zu merken, daß es Gewohnheit ist in dem Lande, daß die ehelichen Frauen am Freitag, der ihr Feiertag in der Woche ist, frei sein und ihren Mutwillen mit Mannen oder mit andern Dingen haben. Was sie dann Lust haben, das mögen ihnen ihre Mannen noch niemand nicht wehren, wann es ist also Gewohnheit.

Wann der König Sultan in eine Stadt reitet, so verbindet er sein Antlitz, daß man ihn nicht unter den Augen sehen mag, oder wann fremde Leute zu ihm kommen, so verdeckt er sich aber.

Und wann einer zu ihm gehet, wie mächtig er auch ist, so muß er dreimal niederknieen und die Erde küssen. So stehet er dann auf und gehet hin zu ihm. Ist er ein Heide, so reckt er ihm die Hand bloß, ist er aber ein Christ, so zuckt er die Hand in den Ärmel und reckt ihm den Ärmel dar, den muß er küssen. Ist es aber, daß er ihm die Hand nicht reckt, so muß er ihm das Knie küssen.

Wann König Sultan einen Boten in seinem Land aussendet, so hat er allweg auf den Straßen in einer jeglichen Herberg Pferde stahn mit allem Zugehörigen. Und der Bote hat große Schellen an dem Gürtel, die verbindet er mit einem Tuch. Und wann er dann einer Herberg nahe kommt, so bindet er die Schellen auf und läßt sie klingen. Und wann man ihn dann in der Herberg höret, so bereitet man ihm ein Pferd, und wann er dann an die Herberg kommt, so findet er alles bereit und sitzt darauf und reitet fürbaß an eine andere Herberg, und da nimmt er dann ein ander Roß. Und das treibt er, bis er an die Statt kommt, da man ihn hingeschickt hat.

Es ist anch zu merken, daß der König Sultan Tauben ausschickt mit Briefen. Und das tut er, wann er große Feindschaft hat, daß er fürchtet, man halte ihm die Boten auf. Und das geht also zu: in einer jeglichen Stadt, wo es der König haben will, da muß man ihm zwo junge Tauben bei einander ziehen, und muß ihnen Zucker unter das Futter tun und ihueu genug zu essen geben, und darf sie nirgend ausfliegen lassen. Und wann sie sich dann wohl kennen, so bringt man den Täuber dem König, und die Täubin behält man. Und man bezeichnet den Täuber, aus welcher Stadt er sei, damit man es wohl wisse. Darnach tut man ihn in ein besonder Gemach, und man läßt keine Täubin mehr zu ihm und gibt ihm nimmer so viel zu essen als zuvor und anch keinen Zucker mehr unter das Futter. Und das tut man darum, daß er sich sehne nach der Stadt, da er gezogen ist worden, und auch desto bälder dahin fliege. Und wann man ihn dann schicken will, so bindet man ihm den Brief unter den Flügel, und darnach läßt man ihn fliegen. So fleugt er dann in einem Fluge in die Stadt und auf das Haus, da er gezogen ist worden. Und wann man ihn dann sieht, so fängt man ihn und nimmt den Brief und gibt ihn an die Statt, dahin er gehöret. Auch wann ein Gast zum König Sultan kommt, es sei ein Herre oder ein Kaufmann, so gibt er ihm einen Geleitsbrief, und wo er dann den Brief in seinem Lande zeiget, und wer ihn sieht, der kniet nieder, so lange man den Brief liest. Darnach küssen sie dann den Brief und entbieten dem Gast große Ehre und führen ihn dann von einer Stadt zu der andern, also weit das Land ist.

Es ist auch Gewohnheit in der Heidenschaft, daß oft ein Bote von einem König oder andern Herrn oder aus fernen Landen mit drei-, vier- oder sechshundert Pferden kommt. Und wann es dann der König gewahr wird, so sitzt er auf seinen Königsstuhl und zieret sich mit Gewand und edelm Gestein. Und darnach hängt man sieben Fürhänge für ihn, und wann dann der Herre, der in Botschaft gesandt ist, für ihn will, so tut man einen Fürhang nach dem andern auf. So muß er sich zu jeglichem neigen und die Erde küssen; und wann er den letzten auftut, so kniet er nieder für den König. Reckt ihm dann der König die Hand, so geht er hin und küßt ihm die Hand, und darnach richtet er seine Botschaft aus.

Von Jerusalem und dem Heiligen Grab, von dem Balsamgarten bei Kairo

Da ich zu Jerusalem war, das war in einem Krieg, da lagen unser dreißigtausend auf einer schönen Weiden bei dem Jordan. Und das macht, daß ich die heiligen Stätten nicht gar wohl mocht gesehen und nur etliche, die hernach geschrieben stehen, besuchen. Ich bin zweimal mit einem Soldaten, der Jusuf hieß, da gewesen.

Jerusalem lieget zwischen zween Bergen und hat großen Abgang (Mangel) an Wasser. Da das Heilige Grab ist, da ist eine schöne Kirche, hoch und rund und mit Blei alle überdeckt, und ist vor der Stadt gewesen, nun aber ist sie am Ort in der Stadt. Und mitten in der Kirchen auf der rechten Hand ist das Heilige Grab.

Man läßt niemand hinein zu dem Grab, es sei denn ein großer Herre. Aber ein Stein von dem Heiligen Grab ist in der Mauer des Tabernakels eingemauert, den küssen die Pilger und bestreichen sich damit. Es ist auch eine Ampel da, die brennt von selber das ganze Jahr über bis an den Karfreitag, dann erlischt sie bis an den Osterabend, so entzündet sie sich selber. Auch gehet am Osterabend ein Schein als ein Feuer auf aus dem Heiligen Grabe. Da kommt groß Volk aus Armenia und Syrien und des Priesters Johannes Land dahin, den Schein zu sehen. Von der Kirchen auf der rechten Hand ist der Berg Kalvaria, da Unser Herr gekreuzigt ward, und da ist ein weißer Stein. Und auf dem selbigen Berg ist ein Altar, da liegen die Christen begraben, die König von Jerusalem gewesen sein. An dem Berg Kalvaria ist ein Altar, da lieget die Säule, daran Jesus angebunden ward, da man ihn geißelt. Und bei dem selbigen Altar, zweiundvierzig Staffeln unter der Erden, da ward das Heilige Kreuz und das der zween Schächer gefunden. Vor der Kirchtür gehet man achtzehen Staffeln hinauf, da sprach Unser Herre zu seiner Mutter die Worte, die er an dem Kreuz sprach: „Frau, nimm wahr, das ist dein Sohn.“ Auch sprach er zu Sankt Johannes: „Nimm wahr, das ist deine Mutter.“ Und die selbigen Staffeln ging er hinauf, da er das Kreuz trug. Und da oben ist eine Kapelle, da sind Priester inne aus des Priesters Johannes Land.

Vor der Stadt ist Sankt Stephanus' Kirche, da ist er gesteinigt worden, und gegen dem Tal Josaphat wärts ist die Güldene Pforte. Nicht fern von der Kirche, da das Heilige Grab ist, ist das große Spital von Sankt Johannes, da behält man sieche Leute, und das Spital hat hundertundvierunddreißig Säulen. Noch ist ein anderes da, das steht auf vierundfünfzig marbeln Säulen, und innerhalb des Spitals ist eine schöne Kirche, die heißet zu der Großen Unser Frauen, und da zunächst ist eine andere Kirche, die heißet auch zu Unser Frauen, da zogen sich Maria Magdalena und Maria Kleophas ihre Haare aus, da sie Gott am Kreuze sahen.

Von der Kirchen, da das Heilige Grab ist, hinwärts ist der Tempel Unseres Herrn, das ist ein gar schöner Tempel, hoch und weit und rund und mit Zinn überdacht. Und darum ist ein schöner Platz mit Häusern, und der ist mit weißem Marbelstein gepflastert, und die Heiden lassen weder Christen noch Juden darein. Zunächst bei dem großen Tempel ist eine Kirche, die heißet man Salomonis Stuhl, und auf der linken Hand ist ein Palast, den heißt man Salomonis Tempel.

Nicht fern von Salomonis Tempel ist eine schöne Kirche in Sankt Annen Ehren erbauet, und da ward Unser Frau empfangen. In der selben Kirchen ist ein Brunnen, und wer sich darin badet, was Krankheit er auch habe, er würd gesund, und daselbst macht Unser Herre den Kranken gesund. Und nicht fern davon ist des Pilatus Haus, und nahe dabei des Herodes Haus, der die Kind ließ töten. Ein wenig fürbaß ist eine Kirche, die heißet zu Sankt Annen, und da ist ein Arm von Sankt Johannes Chrisostomus und das mehrer Teil von Sankt Stephanus' Hanpt.

In einer Gassen, da man auf den Berg Sion gehet, ist Sankt Jakobs Kirche. Und nicht fern von dem Berg ist Unser Frauen Kirche, da war ihre Wohnung, und sie starb anch da. Da man auf den Berg Sion gehet, da ist eine Kapellen, in der selben ist der Stein, der auf das Heilige Grab gelegt ward, und anch eine Säule, da Unser Herre ward angebunden, da ihn die Juden schlugen, wann da ist des Annas Haus gewesen, der der Juden Bischof war. Und baß hinauf wohl zweiunddreißig Staffeln, da ist die Statt, wo Unser Herr seinen Jüngern die Füße wusch. Und da ist der Altar, da Unser Fraue hört die Engel Meß singen. Und in der selben Kapelle bei dem großen Altar saßen die Zwölfboten an dem Pfingsttage, da der Heilige Geist zu ihnen kam, und an der selbigen Statt beging der Herr mit seinen Jüngern den Ostertag. Der Berg Sion ist in der Stadt Jerusalem und ist höher dann die Stadt. Unten am Berg ist eine schöne Burg, die hat der König Sultan machen lassen. Auf dem Berg sind König David und Salomon und viele andere Könige begraben. Jenseits des Berges Sion und des Salomonis Tempels ist das Hans, da Unser Herre die Jungfrau von dem Tode erquickte. Auch ist daselbst der Prophet Isaias begraben. Vor der Stadt Jerusalem ist ein Berg, da lieget Samuel, der Prophet, begraben.

Zwischen dem Ölberg und Jerusalem ist das Tal Josaphat, und baß hinauf in dem Tal ist Unser Frauen Grab, und da gehet man vierzig Staffeln unter die Erden zu dem Grab. Ob dem Tal ist der Ölberg, und zunächst bei dem Berg ist der Berg Galiläa.

Von Jerusalem an das Tote Meer sind zweihundert Stadien, und es ist hundertundfünfzig Stadieu breit. Der Jordan rinnt in das Tote Meer, und ein wenig baß hinauf, da baden sich gemeiniglich die Christen in dem Jordan. Er ist nicht groß und nicht tief, hat aber gute Fische. Er kommt von einem Gebirge und entspringt von zween Brunnen, der eine heißet Jor und der andere Dan. Und von den zween Brunnen hat er den Namen. Und rinnt durch einen See und unter einem Berg hin und kommt auf eine schöne Weide, darauf haben die Heiden öfter im Jahr Markt. Auf der selbigen Weiden ist Sankt Jakobs Grab, und wir lagen auf ihr zu Felde mit einem jungen König und wohl mit dreißigtausend Mann. Es sein auch viele Christen um den Jordan und haben viele Kirchen.

Hebron liegt sieben Leg von Jerusalem und ist anch die Hauptstadt zu Philistin. Zu Hebron sein die Patriarchengräber Adams, Abrahams, Isaaks und Jakobs, und auch ihrer Weiber Eva, Sara, Rebekka und Lia, und da ist eine schöne Kirche, und der hüten die Heiden gar wohl und haben die Kirche in großen Ehren. Sie lassen keinen Christen noch Juden da hinein, er habe dann Urlaub vom König Sultan, wann sie sprechen, wir sein nicht würdig, daß wir an die heilige Stätte gehen sollen.

Nicht fern von Hebron ist das Mambretal, und da ist der dürre Baum, der ist seit Abrahams Zeiten alleweg grün gewesen, bis daß Unser Herr am Kreuz starb, da ward er dürr. Nun findet man in der Prophezeiung, daß ein Fürst soll sein gen Niedergang der Sonnen, der sollt das Heilige Grab gewinnen mit den Christen und Messe lesen lassen unter dem dürren Baum, und so soll der Baum wieder grün werden und Frucht bringen. Die Heiden halten den Baum in großen Ehren und hüten sein wohl. Der Baum hat die Tugend: wer das fallende Siechtum hat und von dem Baum bei sich trägt, so fällt er nimmer; und viele andere Kraft hat er, darum haben ihn die Heiden in großen Ehren.

Item sein von Jerusalem zwo gute Tagweiden gen Nazareth, da Unser Herre ist erzogen worden, und ist vormals eine gute Stadt gewesen. Nun ist sie ein klein Dorf, und die Häuser stehen fern von einander, und hat rund um sich Gebirge. Und da ist eine Kirche gewesen, da ward Unser Frauen der Gruß von dem Engel Gabriel gegeben. Es ist aber nichts mehr da dann eine Säule, und der hüten die Heiden gar wohl von des Opfers wegen, das sie da von den Christen nehmen. Und sein gar böse Leut und den Christen gar feind, aber sie dürfen ihnen nichts tun von des Königs Sultan Gebot wegen.

Vor der Stadt Kairo ist der Garten, da der Balsam inne wächst, auch wächst er nirgendwo mehr dann daselbst und in Indien. König Sultan nimmt groß Gut von dem Balsam ein. Die Heiden fälschen ihn anch mit mancherlei, das sie darein tun, darum, daß sie viel daran gewinnen wollen. Aber rechter Balsam ist lauter und klar und gelbfarben und hat einen starken Geruch. Ist er aber dick und rot, so ist er nicht gerecht. Nehmt einen Tropfen Balsam in die Hand und haltet ihn gegen die Sonne, ist er gerecht, so mögt ihr die Hitz von der Sonnen nicht leiden, wann euch dünkt, ihr habt sie gar in einer großen Glut. Nehmt einen Tropfen Balsams auf ein Messer und haltet's an ein Feuer, brennt der Balsam, so ist er gerecht. Nehmt einen silbernen Becher oder eine silberne Schale voll Geißmilch und rührt sie fest und tut einen Tropfen Balsams darein, ist er gut, so gerinnt die Milch zurstund; und mit dem bewähret man den Balsam.

Wie Mohammed und sein Glauben aufkommen ist

Des Mohammed Vater und Mutter ist ein armes Völkel gewesen und ist aus Arabia gebürtig gewesen. Und da er dreizehen Jahr alt war, da ging er aus von Vater und Mutter in das Elend und kam zu Kaufleuten, die wollten in Ägypten ziehen; da bat er sie, daß sie ihn mit sich ließen. Und da nahmen sie ihn auf zu einem Knecht, und mußt ihueu der Kamele und der Rosse hüten. Es ist auch zu merken, wie ich von den Heiden gehört hab, wo der Mohammed stund oder ging, so stund alleweg eine schwarze Wolke ob ihm. Und da die Kaufleute in Ägyptenland kamen, da schlugen sie sich bei einem Dorfe nieder. Um die selbige Zeit war Ägypten alles christlich, und in dem Dorf war ein Pfarrer, der ging zu den Kaufleuten und lud sie zu Haus, daß sie mit ihm äßen. Und da die Kaufleut zu Tisch gingen, da mußt Mohammed dieweil bei den Kamelen und Rössern bleiben. Und da sie alle in des Pfarrers Haus kamen, da fragt der Pfarrer, ob sie alle da wären. Da sagten sie, sie wären alle da, dann ein Knabe, der wär bei den Kamelen und Rössern. Also lugt der Pfarrer hinaus, da sah er eine schwarze Wolke ob den Kamelen stehen, da der Mohammed war. Es hätt der Priester aber in einer Prophezie gelesen, daß einer sollt geboren werden von zweierlei Geschlecht, und der sollt einen Glauben wider christlichen Glauben aufbringen. Und zu einem Zeichen, wo der Mensch ging und stünde, sollt eine schwarze Wolke ob ihm stehen. Und da er die schwarze Wolke sah, da erkannt er wohl nach der Prophezie, daß Mohammed der Mensch wär, der den Glauben aufbringen sollt. Und da bat der Pfarrer die Kaufleute, daß sie den Knaben zu ihm brächten. Da brachten die Kaufleute den Mohammed zu dem Pfarrer. Der Priester fragte ihn, wie er hieße, und da sagt er ihm seinen Namen. Und das fragt er ihn darum, wann er anch gelesen hätt, wie er sollt Mohammed geheißen werden und sollt ein mächtiger Herre werden und die Christenheit gar beschweren; und sein Glaube sollt bis zu tausend Jahren kommen, und darnach sollt er wieder abnehmen. Und da der Pfarrer vernahm, daß er Mohammed hieß und die schwarze Wolke ob ihm stehen sah, da wußte er wohl, daß der Knabe der Mensch war, der den Glauben sollt aufbringen; und nahm den Mohammed und satzt ihn über die Kaufleute an den Tisch und erbot ihm große Ehren. Und da sie aßen, da fragte der Priester die Kaufleute, ob sie nicht wüßten, wer er wäre. Sie sprachen: „Nein, nun er war zu uns kommen und hat uns gebeten, daß wir ihn mit uns in Ägypten fahren ließen.“ Und also hub der Priester an und erzählt ihnen, wie er in einer Prophezie gelesen hätt von dem Knaben, wie er einen Glauben sollt aufbringen, und durch den Glauben sollten die Christen sehr gedrückt werden. Da fragten sie ihn, wie er's wüßte, daß der Knabe den Glauben sollt aufbringen. Da sagte er ihnen, wie er's gelesen hätt, zu einem Zeichen sollt alleweg eine schwarze Wolke ob ihm stehen. Und da zeigt er ihnen die Wolke, die ob dem Mohammed stund, und anch, wo der Mohammed hinging, da ging die Wolke ob ihm. Und darnach sprach der Priester zu dem Mohammed: „Du wirst ein großer Lehrer und wirst einen besondern Glauben setzen unter den Heiden und wirst die Christen mit deiner Gewalt fast drücken und kränken, und dein Geschlecht wird große Gewalt gewinnen. Nun bitt ich dich, daß du mein Geschlecht, das sein die Armenier, mit Frieden haltest." Und das verhieß ihm der Mohammed; und da zogen die Kaufleute und Mohammed mit ihnen gen Babilon.

Und der Mohammed ward ein großer Meister in heidnischer Geschrift, und darnach predigt er den Heiden vor, sie sollten glauben an Gott, der Himmel und Erden erschaffen hätt, und sollten nicht glauben an die Abgötter, wann sie sein des Menschen Geschöpf, und sie hätten Ohren und hören nicht, Angen und sehen nicht, einen Mund und reden nicht, und Füße und gehen nicht, und möchten ihnen nicht helfen, weder an Leib noch an Seele. Und bekehrt den König zu Babilon und viel Volkes damit, und darnach nahm ihn der König zu sich und gab ihm volle Gewalt über das Land, und darnach regiert er das ganze Königreich. Und da der König starb, da nahm der Mohammed die Königin und ward ein gewaltiger Kalife, das ist so viel als ein König. Und der Mohammed hätt vier Mann bei sich, die waren wohl gelehret in heidnischer Geschrift. Und den vier Mannen empfahl er jeglichem ein Amt. Dem ersten empfahl er das geistliche Gericht, und der war genannt Omar; dem andern empfahl er das weltliche Gericht, und der war genannt Ottman. Dem dritten empfahl er die Wage und die Handwerker, daß jeglicher sein Handwerk getreulich vollbringe, und der hieß Abu Bekr. Dem vierten empfahl er das Schwert und macht ihn zum Hauptmann über sein Volk, und der war genannt Aly, und den schickte er in Arabia, und wer sich nicht bekehren wollt, den bracht er mit dem Schwert darzu. Und man liest auch in dem heidnischen Buch, das genannt ist Alkoran, daß er in Arabia auf einen Tag neunzigtausend Mann erschlagen hätt von des Mohammeds Glauben wegen.

Der Mohammed hat den Heiden geboten und zu einem Gesetz aufgesetzt: am ersten, wann ein Knabe geboren wird, so müssen sie es beschneiden, wie die Juden ihre Kind auch beschneiden; die Heiden beschneiden sie, wenn sie dreizehen Jahr alt werden. Auch hat er ihnen fünf Tagzeiten gesetzet, die sie täglich halten sollen: wann der Tag angehet, zu Mittag, um Vesperzeit, wann die Sonn untergehet, und wann sich Tag und Nacht scheiden. Mit den vier Tagzeiten loben sie Gott, der Himmel und Erden erschaffen hat, und mit der fünften Tagzeit bitten sie den Mohammed, daß er ihr Bote sei gen Gott; und zu jeglicher Tagzeit müssen sie in den Tempel gehen. Sie müssen zuerst den Mund und die Augen waschen, ehe daß sie in den Tempel gehen, und wann einer mit seinem Leib gesündigt hat, so darf er nicht in den Tempel gehen, bis er sich überall am Leibe gewaschen hat, und das tun sie in einer solchen Meinung, als wir uns beichten. Sie ziehen vor dem Tempel die Schuhe ab und gehen barfuß in den Tempel, auch dürfen sie keine Waffen noch schneidendes Ding nicht mit in den Tempel tragen. Und weil sie in dem Tempel sein, so lassen sie keine Frauen hinein. Wann sie in den Tempel kommen, so stehen sie nach einander und legen die Hände für sich und neigen sich und küssen die Erde. So sitzet ihr Priester vor ihnen auf einem Stuhl und hebet das Gebet an, und sie sprechen's ihm nach. Es redet auch keiner mit dem andern im Tempel, noch luget keiner den andern an, bis sie ihr Gebet beendet haben. Sie setzen auch keinen Fuß für den andern nicht, sie setzen's neben einander. Sie lugen auch nicht hin und her in dem Tempel noch gehen sie hin und her, sie stehen still an einer Statt und haben die Händ neben einander und halten sich demütiglich, bis sie ihr Gebet vollbracht haben, dann grüßet einer den andern und gehen aus dem Tempel. Sie lassen auch keinerlei Tiere in den Tempel. Sie haben auch kein Gemälde noch Bild in dem selben, dann ihre Geschrift und gemalte Gewächse von Blumen und Rosen. Sie lassen auch mit Wissen keinen Christen hinein. Es darf anch kein Heide im Tempel auswerfen oder husten noch niesen noch keinerlei solches tun. Und wann ihrer einer solches tut, so muß er aus dem Tempel gehen und muß sich reinigen und waschen, darzu muß er viel Gerede von den Heiden leiden. Wann einer husten will oder auswerfen oder niesen, der muß aus dem Tempel gehen und das vor dem Tempel tun und sich dann darnach waschen.

Es ist auch zu merken, daß sie den Freitag feiern wie wir den Sonntag; und wer nicht in den Tempel gehet am Freitag, den nimmt man und bindet ihn auf eine Leiter und tragen ihn in der Stadt um, von einer Gassen zu der andern, und darnach binden sie ihn für den Tempel, bis daß sie ihr Gebet vollbracht haben, und schlagen ihn mit einer Ruten fünfundzwanzig mal auf die bloße Haut, er sei reich oder arm, so schmähen sie ihn also. Item was ihnen von ihrem Vieh an Milch wird an ihrem Feiertag, das geben sie alles in das Spital und anderen armen Leuten. Es sagen anch ihre Priester, wann sie ihr Gebet vollbracht haben an ihrem Feiertag, so mögen sie wohl arbeiten, wann arbeiten sei heilig, und der Mensch tue mehr Sünden mit Müßiggehen dann mit Arbeiten. So sie an ihrem Feiertag ihr Gebet im Tempel verrichten, so heben sie ihre Hände auf gen Gott und bitten all mit einer Stimme Rache über die Christenheit und sprechen: „Allmächtiger Gott, wir bitten dich, daß du den Christen keine Einigung gebest“; wann sie sagen, so die Christen eins miteinander wären und Fried unter einander hielten, so würden sie uns obsiegen, wenn sie mit uns anhüben.

Sie begraben keinen Toten in dem Tempel noch um ihn herum, sondern auf dem Feld bei der Landstraßen. Und das tun sie darum: wer da vorüberziehe, daß er Gott bitte für sie, die da begraben sein. Wann einer sterben will, so stehen sie um ihn und sprechen ihm zu, daß er an Gott gedenke und Gott anrufe, daß er sich erbarme über ihn. Und wann er stirbt, so waschen sie den Leichnam, und die Priester tragen ihn dann mit Gesang zu Grabe. Sie legen auf den Toten keinen Kot, sondern, ist er reich gewesen, so machen sie ihm eine Truhe oder mauern ihm das Grab, ist er aber arm, so stecken sie Holz über ihn und werfen dann Kot darauf, und der Tote lieget ledig, daß ihn kein Kot beschweret. Und das tun sie darum, weil sie glauben, daß einer soll kommen in das Grab, und den heißen sie Soruntschie (Frageengel), und soll den Toten oben bei dem Leichentuch nehmen, wann sie binden die Leintücher oben am Kopfe zu – und soll den Toten schütteln und ihn fragen, wem er angehöre und was er sei. Und leicht spricht der Tote aus Furcht: „Ich gehöre dir an", so soll seine Seele verloren sein. Spricht er aber dreimal: „Ich gehöre dem allmächtigen Gott an", so soll seine Seele behalten sein; und darum sein die Gräber hohl. Auch, wann sie einen begraben, so fliehen sie zuhand von dem Grab, darum daß sie den Toten nicht hören reden; wann sie meinen, wer ihn reden höre, der müsse des selbigen Jahres sterben.

Es ist auch zu merken, daß die Heiden einen Monat in dem Jahr fasten, und die Fasten verkehren sich alle Jahr in einen andern Monat, das ist in den nächsten Monat darnach. Sie fasten den ganzen Tag bis zur Nacht, daß sie weder essen noch trinken, bis sie die Sterne am Himmel sehen. Darnach gehet dann der Priester auf den Turm und ruft das Volk zum Gebet. So gehen sie dann in den Tempel und verrichten ihr Gebet, und dann gehen sie heim in ihre Häuser und essen die ganze Nacht, bis es taget, Fleisch und was sie haben. Auch liegen die Mannen die ganzen Fasten nicht bei ihren Frauen. Die schwangern Frauen und die in dem Kindbett liegen, auch die Siechen sein nicht schuldig zu fasten, die mögen wohl essen. Auch nehmen sie keinen Zins in ihren Fasten, weder von Häusern noch von anderen Dingen, die zinsbar sein.

Und wann die Heiden ihre Fasten vollbracht haben, so haben sie dann darnach drei Tage Ostern. Und des Morgens an dem Ostertag gehen sie in den Tempel und verrichten ihr Gebet nach ihrer Gewohnheit. Dann gehet das gemeine Volk hin und leget Harnisch an und kommet für des obersten Priesters Haus, und alle Herren und Knechte. So nehmen sie dann einen Tabernakel, der in des obersten Priesters Haus stehet, und zieren den Tabernakel mit güldenen und sammetnen Tüchern. Dann nehmen die Obersten und die Besten, die in der Stadt sein, den Tabernakel und tragen ihn für den Tempel, und vor dem Tabernakel tragen sie ihr Banner; und allerlei Spielleut, die man haben mag, gehen voran hin. Und setzen ihn für dem Tempel nieder, so gehet dann der oberste Priester in den Tabernakel und prediget den Heiden. Und wann er die Predigt geendigt hat, so nimmt er ein Schwert und zeucht es aus und nimmt's in die Hand und spricht gen dem Volk: „Rufet Gott an, daß er uns Macht und Kraft gebe, daß wir mit dem Schwert allen denen obliegen, die wider des Mohammed Glauben sein." So recken die Heiden alle die Händ auf und bitten ihren Herrn, daß das geschehe; und darnach gehen die mächtigen Herren in den Tempel und beten. So muß das gemeine Volk dieweil des Tabernakels hüten; und wann die Herren ihr Gebet vollbracht haben, so nehmen sie den Tabernakel und den Priester darin und tragen ihn heim in sein Haus, und das Banner und die Spiellent gehen voran. Und darnach gehen sie heim in ihre Häuser und haben große Freud an dem Tag.

Item darnach über einen Monat haben die Heiden aber eine Ostern, Sankt Abraham zu Ehren, und stechen dann Lämmer und Ochseu ab und geben das armen Leuten durch Gottes Willen. Und das tun sie darum, daß Sankt Abraham Gott untertänig war und ihm seinen Sohn Isaak wollt geopfert haben. In der Zeit gehen die Heiden anch zu Mohammeds Grab und zu dem Tempel, den Abraham gebauet hat, der stehet vor der Stadt, da der Mohammed sein Grab hat, und die Stadt ist Mekka genaunt. Der Sultan überlegt des Abrahams Tempel mit einem schwarzen Sammet, und ein Priester ist bei dem Tneh und gibt einem jeglichen Heiden, der dahin kirchfahrten kommt, ein Fleckel von dem sammetnen Tuch zu einem Zeichen, daß er ist da gewesen.

Von der Heiden Gesetz

Mehr ist hie zu merken von dem Gebot des Mohammed, das er den Heiden zu einem Gesetz gegeben hat:

Zum ersten hat er den Heiden verboten, daß kein Heide darf seinen Bart abscheren. Sie sprechen, wer den Bart abschere, der tue wider das Gebot Gottes, wann der allmächtige Gott habe den ersten Menschen, Adam, in seiner göttlichen Gestalt erschaffen. Wer sich anders verschere, dann ihn Gott erschaffen hab, der tue wider Gottes Gebot. Und wer den Bart abschere, der tue es in Übermut und in Hoffart, wann er ziere sich gegen die Welt und schmähe das Geschöpf Gottes. Und sie sprechen: „Das tun die Christen und dienen ihren Frauen damit, und das ist eine große Widerwärtigkeit an den Christen, daß sie ihre Gestalt verkehren, darin sie Gott geschaffen hat."

Auch hat Mohammed den Heiden geboten, daß niemand gegen den andern, weder Kaiser noch König, das Haupt soll entblößen, und das halten die Heiden. Aber wann ein mächtiger Herr für einen gehet, so neigt er sich und kniet für ihm nieder. Welchem aber Vater, Mutter oder Freund sterben, gegen den soll man das Haupt entblößen, und das halten sie. Wann das ist, so ziehen sie den Hut ab oder was sie auf dem Kopf haben, und werfen's auf die Erde, und damit beklagt einer den andern.

Auch hat Mohammed den Heiden erlaubt, daß einer soviel Weiber mag nehmen, als er ernähren mag.

Mohammed hat ihnen auch geboten, daß sie keinerlei Tiere noch Vögel sollen essen, dann sie schneiden ihnen erst den Hals ab und lassen das Blut von ihnen rinnen. Er hat ihnen auch das Schweinefleisch verboten.

Es ist auch zu merken, daß der Mohammed den Heiden auch den Wein verboten hat, und trinkt auch kein Heide keinen Wein. Und die Heiden sprechen, das habe er darum getan: Mohammed ging einsmals mit seinen Dienern für ein Weinhaus, und da war viel Volkes innen und hätten große Freud. Da fragte Mohammed, warum das Volk also fröhlich wär. Da sagte ihm seiner Diener einer, sie wären von dem Wein also fröhlich. Da sprach Mohammed, es wäre ein seliges Getränk, daß das Volk also fröhlich davon würd. Und darnach um den Abend, da ging Mohammed wieder für das Weinhaus, und da schlugen Weib und Mann an einander, und zween wurden erschlagen.

Da fragte Mohammed, warum das wär. Da sagten ihm seine Diener, sie wären von ihren Sinnen kommen, wann sie hätten des Weins zu viel getrunken und wüßten nicht, was sie täten. Da sprach Mohammed: „Nun verbeut ich allen denen, die in meinem Glauben sein, sie seien geistlich oder weltlich, Kaiser oder König, Herzog oder Graf, Richter oder Scherge, daß sie keinen Wein trinken nimmer nicht, sie seien gesund oder siech." Und darum, als da oben geschrieben steht, hat er den Heiden den Wein verboten, und also hab ich's von den Heiden gehört. Auch hat ihnen Mohammed geboten, daß sie die Christen und alle, die wider seinen Glauben seien, bei Tag und bei Nacht suchen sollten, dann ausgenommen die Armenier; und wo sie unter den Heiden wohnen, da sollen die Heiden nicht mehr dann zween Pfennig Zins den Monat nehmen – und das verhieß Mohammed dem armenischen Priester, der ihn in sein Haus lud, da er mit den Kaufleuten gen Babilon zog. Auch hat Mohammed den Heiden geboten, wann sie den Christen obsiegen und sie fangen, so sollen sie sie nicht töten, aber sie sollen sie zu ihrem Glauben bekehren und sollen ihren Glauben damit stärken und vermehren.

Wie ein Christ zu einem Heiden wird

Wann ein Christ zu einem Heiden will werden, so muß er zum ersten vor allen insgesamt einen Finger aufrecken und muß die Worte sprechen: „La illach illalach Machmet rasul ullach." Und das heißt zu deutsch: „Gott ist allmächtig und Mohammed sein wahrer Bote." Und wann er das gesprochen, so führen ihn die Heiden für den obersten Priester, und dann muß er die obgeschriebenen Worte aber sprechen vor dem Priester und muß dann den christlichen Glauben verleugnen. Und wann er das tut, so legen sie ihm ein neues Kleid an, und darnach bindet ihm der Priester ein weißes Tuch um das Haupt, und das tun sie darum, daß man sehe, daß er ein Heide sei – wann alle Heiden tragen weiße Bindetücher um das Haupt, und die Christen, die in der Heidenschaft sind, tragen blaue und die Juden gelbe.

Darnach gebeut der Priester allem Volk, daß sie Harnisch anlegen und zu ihm kommen, und wer zu reiten habe, der solle reiten; und auch alle Priester, die in der selben Gegend sind, müssen kommen. Und wann dann das Volk kommt, so setzt der oberste Priester den, der zu einem Heiden geworden ist, auf ein Pferd. So muß dann das gemeine Volk ihm voran reiten und gehen, und die Priester hinten nach. Und Pfeifer und Trompeter und Pauker reiten mit und führen ihn in der Stadt herum, und zween Priester reiten neben ihm. Und die Heiden schreien mit einer Stimme und loben den Mohammed, und wann sie in eine Gasse kommen, so sprechen ihm die zween Priester diese Worte vor: „Thary bir dur Messe kuli dur Mariam kara baschi dur Machmet rasuli dur." Und das heißt soviel als: „Es ist ein Gott, und der Messias sein Knecht, und Maria seine Dienerin und Mohammed sein liebster Bote." Und wann sie ihn überall in der Stadt umgeführt haben, so führen sie ihn hernach in den Tempel und beschneiden ihn. Und dann, so er arm ist, sammeln sie ihm groß Gut, und die großen Herren ehren ihn besonders und machen ihn reich, und das tun sie darum, daß sich die Christen desto lieber zu ihrem Glauben bekehren. Auch wann sich eine Christin zu ihrem Glauben bekehrt, so führen sie sie für den obersten Priester, so muß sie die obgeschriebenen Worte sprechen. So nimmt dann der Priester der Frauen Gürtel und schneidet ihn von einander und macht ein Kreuz daraus. So muß dann die Frau drei Stunden darauf treten und den christlichen Glauben verleugnen und dann die obgeschriebenen Worte sprechen.

Es haben die Heiden unter sich mit ihrer Kaufmannschaft ein Gesetz: wann einer von dem andern etwas kaufen will, welcherlei es auch sei, so spricht er gegen dem, davon er kaufen will, daß er ihm einen göttlichen Gewinn zu kaufen gebe, daß er sich auch ernähren möge. So gibt er ihm auch zu kaufen und nimmt nicht mehr Gewinn von ihm, dann an vierzig Pfennig einen Pfennig und an vierzig Florinen einen Florin. Und das hat ihnen auch der Mohammed geboten mit den Worten, daß sich einer mit dem andern ernähren möge, die Armen mit den Reichen.

Es sagt ihnen auch allweg ihr Priester in der Predigt, daß sie einander behilflich und ihren Obersten untertänig und die Armen demütig gegen die Reichen sein sollen. Und wann sie das tun, so gebe ihnen Gott der Allmächtige Macht und Kraft gegen ihre Feinde. Auch sollen sie dem Priester in göttlichen Dingen gehorsam sein. Und was obgeschrieben steht, ist der Heiden Gesetz, das ihnen Mohammed hat gegeben. Und das hab ich nur von den Heiden vernommen. Sie haben aber noch mehr Gesetz, das ich nicht weiß noch vernommen hab.

Was die Heiden von Christo glauben

Die Heiden glauben, daß Jesus von einer Jungfrauen sei geboren worden, die nach der Geburt Jungfrau sei geblieben. Auch glauben sie, daß Jesus, da er geboren ward, mit seiner Mutter geredet und sie getröstet hab. Und daß Jesus der höchste unter allen Propheten Gottes sei und nie kein Sünd getan habe. Sie glauben aber nicht, daß Jesus gekreuzigt sei worden, es sei ein anderer gekreuzigt worden, der ihm gleich war. Darum sagen sie, die Christen hätten einen bösen Glauben, daß sie sprechen, Jesus sei gekreuzigt worden, wann er war Gottes liebster Freund und hätt nie kein Sünd getan; so wäre Gott nicht ein gerechter Richter, wann Jesus unschuldig getötet wär worden. Und wann man mit ihnen redet von Gott dem Vater und dem Sohne und dem Heiligen Geiste, so sprechen sie: „Es sind drei Personen und nicht ein Gott." Wann ihr Buch Koran sagt nichts von der Dreifaltigkeit. Wann man sagt, daß Jesus sei ein Wort Gottes, so sprechen sie: „Das wissen wir wohl, daß er Gottes Wort gesprochen hat, anders wär er nicht Gott." Auch wann man zu ihnen sagt, daß die Weisheit der Gottessohn sei, der von einem Wort, das der Engel ihr verkündt hätt, von der Jungfrauen Maria geboren ward, und daß wir von eines Wortes wegen alle müssen erstehen und für Gericht kommen, so sprechen sie, es sei wahr, daß wider das Wort Gottes niemand möge widerstehen. Auch sagen sie, daß niemand vermöge die Stärke des Wortes Gottes zu erkennen, und darum spricht ihr Buch

Koran und gibt ein Zeichen bei dem Wort, das der Engel zu Maria sprach, daß Jesus von dem Worte Gottes geboren würde. Sie sprechen, daß Abraham Gottes Freund sei gewesen und Moses Gottes Prophet, und Jesus sei das Wort von Gott, und Mohammed sei gewesen der wahre Bote Gottes; und Jesus sei von den Vieren der würdigste und der höchste bei Gott und solle auch das Jüngste Gericht Gottes richten über alle Menschen.

Von Armenia

In Armenia bin ich viel gewesen. Nachdem da der Themurlin starb, da kam ich zu des Themurlins Sohn, wann zwei Königreiche hätt der Themurlin in Armenia inne, und die Zeit, da ich darinnen war, da hätt's des Themurlins Sohn in, der genannt ward Schah Roch. Und der war gern in Armenia, wann es ist eine gar schöne Heide da, und darauf lag er den Winter mit seinem Gesinde. Und es hat eine gar gute Weide, und es fleußt ein großes Wasser durch die Heide, das heißt Tigris, und die Heide heißet Charadach. Die Städte in Armenia haben die Heiden alle besessen, aber die Dörfer sind alle armenisch, sie müssen aber den Heiden zinsbar sein. Ich hätt allweg meine Wohnung bei den Armeniern, wann sie sind den Deutschen gar hold; und darum, daß ich ein Deutscher war, taten sie mir schön und lehrten mich ihre Sprache. Sie heißen die Deutschen Nimitsch. Armenien hat drei Königreiche: eines heißt Tiflis, das andere Siß, das dritte Ersingan, und das ist das Kleine Armenien. Sie haben auch Babilon inne gehabt, sie haben's aber nicht mehr inne, dann Tiflis und Ersingan hätt des Themurlin Sohn in der Zeit, da ich in der Heidenschaft war. Und Siß hätt der König Sultan inne und ist gewonnen worden, da man zählte von Christi Geburt das Jahr zwölfhundert und siebenundsechzig.

Ein End hat der Schiltberger

Schiltbergers Reisebuch

Diese Ausgabe von Schiltbergers Reisen und Abenteuern will den Bericht des alten deutschen Reisenden wieder in den Kreis der Schriften ziehen, dem er mehr als zweihundert Jahre angehört hat: den deutschen Volksbüchern, unter denen die Reisebücher (Montevilla, Fortunat, Marco Polo) einen nicht unbeträchtlichen Teil ausmachen.

Diesem Zweck gemäß beansprucht der Text keine wissenschaftliche Wertung noch Ausnützung; es sind sogar die eigentlichen geographischen Kapitel und Aufzählungen, die dem Buche das Interesse des Historikers und Geographen erwarben, mit Bedacht gekürzt oder weggelassen worden, insoweit sie nicht auch den naiven Leser anzuziehen vermögen. Auch etliche sagen- und legendenhaften Stücke blieben fort.

Der Text ist nach der von Dr. Valentin Langmantel in der Bibliothek des Litterarischen Vereins in Stuttgart (Band 172, Tübingen 1885) herausgegebenen Nürnberger Handschrift gestaltet, der Titel nach dem Nürnberger Druck bei Berg und Newber, die Kapitelüberschriften (mit etlichen Ergänzungen) aus der Donaueschinger Handschrift zugefügt. Die Bilder sind nach den Holzschnitten des von Langmantel mit 1 bezeichneten Inkunabeldruckes angefertigt. Dieser Druck ist aus einer Augsburger Offizin (wahrscheinlich Anton Sorg) um 1475 (Ex. der Universitätsbibliothek in Leipzig).

Schiltbergers Buch ist nur zum Teil Originalwerk. Auf Einschiebung in dem wertvollsten Teile, der eigentlichen Reisebeschreibung, wurde in den Anmerkungen hingewiesen. Für den zweiten Teil, der (in unserer Ausgabe) nach der Schilderung der Heimkehr anfängt, hat der Verfasser etliche zu seiner Zeit bekannte Reisebücher benützt, wie Montevilla und Marco Polo. Dieser Teil ist darum auch viel farbloser und eintöniger als der erste, der aus persönlichem Erlebnis entsprungen ist.

Immerhin enthält auch dieser noch viel an Tatsachenbericht und Urteil, das man nicht in anderen Quellen findet. Schilderungen der heiligen Orte Jerusalem und Sinai stehen ja ähnlich in den Berichten aller mittelalterlichen Orientreisenden.

Von Schiltbergers Schicksal nach seiner Heimkehr 1427 ist wenig bekannt. Nach etlichen Quellen stand er als Kämmerer im Dienst des Herzogs Albrecht III. von Bayern. Seine Familie, eine der ältesten des bayerischen Adels, wohnte auf der Burg Schiltberg bei Aichach und war im Besitz des Marschalkenamtes am Hofe der Wittelsbacher. Ein Zweig des edeln Hauses blüht noch fort und führt seit 1877 den Namen „Marschalk von Schiltberg".

Schiltbergers Reisebuch hat nicht das sachliche Gewicht des Reisewerkes von Marco Polo, der hundert Jahre vor ihm die verschlossene Welt des inneren Asiens bis zum äußersten Osten vor den Augen Europas aufgetan hatte. Über Irak, Persien, Armenien und Turan ist unser Reisender nicht hinausgekommen. Aber was sein Buch so an Sachgehalt entbehrt, das ersetzt es uns durch die anziehende schlichte Innigkeit des Schicksals, das in seinen Blättern erzählt ist. Und außerdem: es ist das erste Buch eines deutschen Reisenden in deutscher Sprache über jene Länder, in denen damals (wie in unseren Tagen) Geschicke der Völker sich vollenden, und über welche die große Weltgeschichte ihre Bücher schreibt.

Anmerkungen zu Schiltbergers Reisbuch

1 Johannes Stracimir.
2 Erkunden.
3 Graf Johann von Nevers (gen. Jean sans peur), Sohn des Herzogs Philipp von Burgund.
4 Stephan Lazarewitsch.
5 Graf Hermann von Cilli und Burggraf Johann III.
6 Donauabwärts, und dann unter dem Schutz der venezianischen Flotte über das Schwarze Meer.
7 Jean Boucicaut, Marschall von Frankreich.
8 Der Magnus comes (Großban) Nikolaus Garai, nach anderer Quelle Dietrich Bebek.
9 Zwei schwäbische Edelleute.
10 Achmed ben Oweis, Ilkhan von Bagdad.
11 Zu den Turkomanen in Kilikien.
12 Da Bajasid nur bis 1402 herrschte, können die Zahlenangaben Schiltbergers nicht stimmen. Auch die im nächsten Hauptstück erzählten Ereignisse fallen z. T. in die Zeit vor der Schlacht bei Nikopolis, müssen also nach dem Hörensagen geschildert sein.
13 Ali Bey von Karamanien.
14 Samsun, das alte Amisus am Schwarzen Meer.
15 Osman-Bey, Herr der Turkomanen vom „weißen Hammel" in Diarbekr.
16 Das alte Cäsarea in Kappadokien.
17 Angoraziegen.
18 Auch Berkuk, erster tscherkessischer Sultan in Ägypten, starb 1399. Der folgends genannte Sohn desselben hieß Faradsch.
19 Timur-leng oder Timur-lan (der lahme Timur), der berühmte Mongolenfürst, der das Reich des Dschingiskhan wieder aufrichtete; er starb 1405 zu Otrar am Jaxartes.
20 Auch hier irrt Schiltberger in der Zeitfolge; der syrische Feldzug war zwei Jahre vor der Schlacht bei Angora, und die Eroberung der syrischen Städte geschah in anderer Reihenfolge.
21 (Dschebel es) Scherif = Antilibanon.
22 Persische Provinz an der Südküste des Kaspischen Meeres.
23 Türkischer Name für China.
24 Wieder ein Schreibfehler in der Handschrift, denn von der Schlacht bei Angora bis Timurs Tod sind nur 2 1/2 Jahre.
25 Irrtum Schiltbergers: der Enkel, der Reich und Hauptstadt erbte, war Pir Mohammed, ein Sohn von dem ältesten Sohne Dschihangir, der vor seinem Vater Timur gestorben war.
26 Kara Jusuf, Herr der Tatarenhorde vom „schwarzen Hammel" in Armenien.

27 Bergland zwischen dem Unterlauf von Kur und Aras.
28 Zwei Meilen von Täbris.
29 Tiefland nördlich von Turan und dem Kaspischen Meer, auch Kiptschak genannt.
30 Die Uiguren waren Buddhisten.
31 Genuesische Kolonie auf der Krim, jetzt Feodosia.
32 Auch Megrel, Magrill, Kustenland in Georgien.
33 Oder Tana, lag an der Donmündung.
34 Eine welsche Meil soll tausend Schritt haben, und ein Schritt soll fünf Schuh haben, ein jeder zu acht Zoll (gleich dem ersten Glied am Daumen). (Angabe Schiltbergers.)

Ausgewählt und übertragen von G. Siemes.

*

Druck von Breitkopf und Härtel in Leipzig.